LE COCQ,

OU

MEMOIRES

DU

CHEVALIER DE V***

A AMSTERDAM,

Chez PIERRE DUSAUZET.

M. DCC. XLII.

ÉPÎTRE
DÉDICATOIRE.

MADAME,

LA délicatesse de votre esprit, & la pureté de cœur que tout le monde vous connoît, m'est un témoignage assuré que vous jugerez qu'en vous dédiant l'histoire de ma vie, je

n'ai pas intention de juſtifier les excès qui peuvent s'y rencontrer ; mais au contraire de les expoſer , afin de prémunir le beau ſexe qui n'a pas d'expérience , contre les aſſauts qu'il n'eſt que trop ſouvent obligé d'eſſuyer. Je ne prétens pas , Madame , vous faire un préſent ; l'objet eſt trop au-deſſous de votre mérite, & j'en connois trop bien la diſtance. C'eſt une leçon pour les jeunes fillettes qui ſous vos auſpices, Madame , apprendront à ne pas avancer plus loin que le tems légitime & leur devoir le demandent.

Je dirai volontiers à ce sujet comme un Cordelier, dont
la valeur est peinte sur sa
phisionomie C'est un galant
homme, qui va fréquemment
chez un Marchand prêcher
la bonne odeur à plusieurs
filles de boutique Je mour-
rois de désespoir, dit-il avec
les transports les plus touchans, & animé d'un zele Religieux, si je voyois tomber
une belle fille, à moins que
ce ne fût entre les mains d'un
honnête homme comme
moi.

Toute ma vie, Madame,
j'ai aimé, honoré & respecté
le sexe, dans la societé duquel

j'oſe avancer contre mille con-
tradictions, que j'ai toujours
goûté des charmes ſans aucun
mélange d'amertume , qui
m'obligent de lui préſenter
ce trait de mon reſpect & de
ma juſte reconnoiſſance.

Ces exemples ſont rares ,
il eſt vrai ; mais ils le ſont
plus qu'ils ne le devroient
être. Je ne vois rien , Madame , de ſi aimable qu'une
belle fille , & rien en même-
tems ne me paroît ſi aiſé que
d'en faire une excellente femme.

La femme eſt l'image de
l'homme ; c'eſt un ouvrage
qu'il doit polir & perfection-

ner avec un soin infatigable.

Les sentimens, les bonnes manieres, la tendresse, la fidelité, la justice, une attention honnête & proportionnelle à travailler à sa gloire, qui est la sienne propre, sont des instrumens qu'un mari ne doit jamais perdre de vûë. *Experto crede Roberto.*

Un Peintre ne voit-il pas tous les jours avec un plaisir nouveau le portrait à la perfection duquel il a employé tout son art ? C'est un objet dont il est aussi jaloux qu'il en est enchanté : quiconque veut être de ses amis, louera son portrait ; on n'aime rien

tant que ce que l'on a fait
soi-même.

Ces réfléxions, Madame,
ne sont pas d'une Lettre; cependant je les fais exprès, à
cause de la connoissance que
vous en avez, par l'expérience que vous en faites tous les
jours dans la personne de votre très-honoré & très-cher
mari.

Peu de maris sont heureux,
parce que la plûpart sont des
paresseux qui ne travaillent
pas à se rendre dignes de l'être.
Avec tout cela, dira-t'on, il
faut un Cocq; j'en conviens:
mais tel en donnant sa main
à une poulette n'est pas un

Cocq , pour l'avoir été plûtôt qu'il ne falloit. La poulette qui veut avoir de beaux
œufs pour orner sa maison ,
est obligée de chercher ailleurs , & quelquefois d'aller
sur un fumié faire ca , ca, ca...
pour entendre chanter coco-
dâ... En un mot il faut une
attention continuelle & per-
sévérante. Quoiqu'on en dise,
l'homme est le Pilote ; il ne
céde pas volontiers le gou-
vernail dont il est en possession de droit naturel & divin.
Si le vaisseau fait naufrage ,
à qui s'en prendra-t'on ?

A votre arrivée, Madame,
vous verrez mon Livre im-

primé , & réïterer en un autre caractere la foumiſſion la
plus parfaite & le reſpect le
plus profond avec lequel je
ſuis , Madame ,

Votre très-humble & très-
obéiſſant ſerviteur
D E V...

LE

LE COCQ.

RE'PAREZ, jeunes & tendres fillettes, vos plus belles réfléxions ; prenez garde au chant du Cocq : il se plaît ordinairement en grande compagnie. Quelquefois imitant la Tourterelle, il passe sa vie dans une honnête societé avec une charmante poulette dont il a fait choix. Si vous en trouvez un de cette espéce , donnez-lui toute votre attention : car s'il vous échape une fois, vous aurez beau courir ; vos soins deviendront inutiles , & s'il ramasse pour vous un grain de mil , il en ira chercher autant pour vos chéres compa-

A

gnes , avec lesquelles vous serez obligées de faire communauté.

Un Cocq ordinairement a du cœur ; il se connoît par les sentimens : il est plein de reconnoissance , parce qu'il est plus sensible aux charmes de ses poules. Mais comment faire , direz-vous ? Ne vaudroit-il pas mieux avoir un chapon ... Répondez vous - même .... Je vous entends ... Votre silence parle pour vous...

Quand un Cocq vous fait les doux yeux , ne faites pas la fiére ; ces messieurs-là ont bientôt pratique. Cependant redoublez vos gardes , ménagez-le ; mais attendez le tems légitime. Un faux pas gâte toute l'économie de vos affaires, & votre cher Cocq vous jette avec lui dans un embarras, où il a besoin de toute sa tête & de toute sa crête pour se tirer avec honneur.

J'ai eu une petite troupe assez gentille , moi qui suis Cocq ; &

quand elle auroit été plus nombreuse , je les aurois toutes ramaf-
fées fous mes aîles , comme une
poule fait à fes petits pouffins . . .
Je dis que le Cocq de fa nature a
le cœur noble ; mais ce n'eft pas
encore affez : tous n'ont pas le
bonheur de conduire les chofes à
une fin également heureufe. Le
plus fûr eft de l'avoir feule pour
fon compte. Lifez mon hiftoire ;
elle vous fournira matiere à ces
belles réfléxions que j'exige de vous:
je la rapporterai avec cette fran-
chife que tous les honnêtes gens
qui m'ont connu ont honorée de
leurs fuffrages.

Vous n'ignorez pas, Madame, de
qui je tiens le jour : le Chevalier
de * * * mon pere étoit d'une des
plus anciennes familles de fa Province ; il mourut à quarante ans
Brigadier des Armées du Roi,
ayant par fon jeu & fes dépenfes
exceffives diffipé prefque tout fon

bien , & ne jouiſſant que des bien-
faits du Prince. Ma mere ſe trouva à ſa mort réduite à une penſion
médiocre ; n'ayant que moi d'enfans elle ſe retira dans une petite
terre où elle ne s'occupa que du
ſoin de mon éducation , juſqu'à
l'âge de dix ans qu'elle me mit au
Collége. Je fis des merveilles dans
toutes mes claſſes : on me propo-
ſoit par tout comme un modéle
de ſageſſe & de vertu ; mes compagnons eux-mêmes dans nos petites parties de récreation m'ap-
pelloient ordinairement le Cocq de
la bande. J'étois fort adroit dans
toutes mes actions ; j'excellois ſur-
tout à la fronde , qui dans ce tems-
là étoit beaucoup en uſage parmi
les écoliers de ma Province. Nous
en faiſions notre principal divertiſ-
ſement ; quelquefois nous nous li-
vrions de petits combats qui nous
ramenoient ſouvent des têtes caſ-
ſées à la maiſon. Pour moi je n'é-

tois pas fort porté pour cette récréation tragique , j'aimois mieux
m'exercer sur des oiseaux ; j'en at-
trapois assez souvent , & j'ai même
tué quelquefois des liévres en pleine campagne avec ma fronde.

Etant en Rhétorique , (j'avois
alors quatorze ans , & j'étois d'une
si petite taille qu'on ne m'en auroit pas donné plus de dix ; je n'ai
commencé à grandir qu'à dix-sept
ans :) un jour de congé nous fîmes partie mes amis & moi d'aller nous promener à une Abbaye
de Religieuses éloignée d'une petite demie lieue de la Ville ; il y
a un bois à côté de la maison , &
la promenade est charmante. Après
avoir fait quelques tours de promenade dans le bois , je m'écartai de
mes compagnons ; ce qui m'étoit
assez ordinaire , soit pour réfléchir
sur mes devoirs que je travaillois
toujours avec beaucoup d'applica-
tion , soit parce que j'aimois natu-

rellement la folitude. Dans ce tems-
là j'avois un compliment à faire à
ma mere pour le jour de l'Affomp-
tion fa fête, qui devoit arriver huit
jours après : comme je l'aimois tendrement & qu'elle avoit mille bontés pour moi, je n'avois pas de plus
grand plaifir que celui que je prenois dans fa compagnie. Je m'étois
donc propofé de lui faire mon compliment en vers ; pour avoir plus
de loifir & n'être pas importuné
de mes compagnons, j'avançai jufqu'à l'extrémité du bois où paffoit
une riviere qui forme une Ifle à
l'endroit où je m'arrêtai.

Après avoir rêvé environ l'ef-
pace d'une heure, j'entendis dans
l'Ifle les cris comme d'un enfant
à qui l'on donneroit la correction.
La cérémonie me paroiffant être
un peu longue & trop importune
pour moi, je commençois déja à
détefter la barbarie du correcteur,
lorfque les cris redoublerent & me

firent entendre ces mots : On veut m'enlever, on va me faire mourir; Ciel, fauvez-moi ! A l'inſtant je me deshabille, & prenant ma fronde entre mes dents (je la portois toujours à la promenade) je paſſe la riviere à la nage, j'entre dans l'Iſle, & après avoir ramaſſé quelques pierres, je cours avec précipitation à l'endroit où j'entendois crier. J'apperçois trois hommes habillés en païſans, dont l'un tenoit une petite fille entre ſes bras. Ils étoient ſur le bord de l'autre canal qui formoit l'Iſle, & ſe diſpoſoient à paſſer dans un endroit où il y avoit apparemment un gué. Je remarquai qu'un d'eux avoit un couteau de chaſſe caché ſous ſon habit. Leur ayant demandé ce qu'ils vouloient faire de cet enfant, & ſi elle leur appartenoit, ils me répondirent bruſquement : Qui es-tu ? je ſuis païſan, repliquai-je, & cette fille eſt ma parente. Effec-

tivement la petite fille étoit habillée en païsane. Ils me dirent ensuite : tu es bien résolu ; sans doute
que tu es le Cocq de ton village ?
Retire-toi, ou nous te jettons dans
la riviere. Celui qui tenoit la petite fille dit aux autres : passons. A
ces mots elle fit un cri horrible ,
dont elle perdit un moment la parole ; puis me regardant avec un
air de compassion , & d'un ton de
voix languissante & entrecoupée de
sanglots , elle me cita ce passage de
Virgile: *Macte animo, generose puer*;
c'est-à-dire, bon courage, Monsieur.
Sur le champ je lance une de mes
pierres à la tête de celui qui la
tenoit , & du coup je le renver-
sai ; sa tête baignoit dans l'eau , &
il alloit être étouffé sans un de ses
camarades qui le releva : un autre
s'avançant sur moi de toute sa force
me fit fuir quinze ou vingt pas ;
mais me retournant ensuite, je lui
lançai à propos une pierre au mi-

lieu de la poitrine , dont il tomba comme le premier en vomiſſant le ſang. Celui qui n'étoit pas bleſſé eut ſoin de ſes camarades , qu'il fit promptement paſſer l'eau , & ils diſparurent ainſi tous trois , appré-hendant ſans doute que quelqu'un vînt au ſecours , & qu'on les arrêtât.

Pendant ce petit combat dès-lors de la chûte du premier, la petite fille s'étoit échapée ; je la cher-chois des yeux fort inquiet , lorſ-que je la vis tout d'un coup ſortir d'un taillis où elle s'étoit cachée , & ſe jetter entre mes bras.

Sans m'arrêter à lui faire des queſtions , je la pris & l'amenai en diligence au bord du canal que j'avois paſſé. Comme je ſçavois nager , je ſondai le gué , & je trouvai à quelque diſtance un en-droit par où je pouvois la faire paſſer à pié. Je la deshabillai , lui laiſſant ſeulement ſa chemiſe ; la

prenant enfuite par le bras , elle
paffa l'eau jufqu'au cou avec une
conftance admirable , en me difant :
c'eft la confiance que j'ai en vous ,
Monfieur , qui me rend fi hardie ;
& je vous avoue que j'avois il y
a un moment autant de frayeur de
paffer la riviere, que d'horreur contre ces coquins qui vouloient m'enlever. Elle avoit dix ans , & étoit
auffi grande que moi.

Quand nous fumes au bord , je
retournai chercher fes habits que
nous avions laiffés de l'autre côté ,
afin de n'être point embaraffés. Je
la priai de mettre ma chemife &
d'ôter la fienne qui étoit mouillée ;
après quoi ayant repris nos habits ,
elle me mena chez le Garde de
l'Abbaye , où fa chere maman s'é-
toit réfugiée depuis quelques jours,
la femme du Garde ayant été do-
meftique dans la maifon de fon
pere. En arrivant nous ne trouvâmes perfonne à la maifon : le pre-

mier foin d'Angelique (c'étoit le
nom de la Demoifelle) fut de me
rendre ma chemife & d'en prendre
une autre. Pendant qu'elle étoit à
fa toilette je lui dis que j'avois remarqué au paffage qu'elle avoit un
figne extraordinaire , & que je défirois extrémement le voir. Elle
m'avoit trop d'obligation pour me
refufer cette complaifance ; elle
me permit donc , quoique avec
peine , de l'obferver. C'étoit une
petite étoile pourpre à deux doigts
au-deffous du nombril. J'étois in-
nocent alors , & j'adorois la vertu ;
je ne fçai fi je fus criminel en ce
moment : mais, Madame , je vous
avoue que ce combat me fut in-
comparablement plus cruel que
n'avoit été le précédent. Angelique me regardant enfuite les larmes aux yeux : mon cher libérateur , dit-elle, cette marque que la
reconnoiffance m'a forcée de vous
laiffer voir, devroit procurer mon

bonheur , & je crains qu'elle ne soit cause de ma perte ; c'est elle que cherchoient ces ravisseurs des mains de qui vous m'avez arrachée. Ils ont eu l'audace de la reconnoître , & ma pudeur en souffrira éternellement. Qui que vous soyez, je vous porterai toute ma vie dans mon cœur : souvenez-vous de moi ; votre générosité vous en sera toujours un motif plus particulier que tout autre. Embrassez-moi ; c'est tout ce que peut l'infortunée Angelique , pour récompenser les services que vous venez de lui rendre. Je mêlai mes larmes aux siennes en l'embrassant , & à l'instant elle me pria de m'éloigner pour achever sa petite toilette qui consistoit en un cotillon & un tablier de toile , appartenans à la fille du Garde qui étoit à peu près de son âge , & qu'on lui avoit donnés pour la déguiser.

A peine fut-elle habillée , qu'on

frappa à la porte que nous avions fermée, crainte des voleurs. C'étoit la femme du Garde qui amenoit un cheval chargé d'herbes, qu'elle avoit cueillies dans l'Ifle, où elle avoit mené Angelique pour l'accompagner, tandis que fa mere étoit allé dîner chez un Curé de fa connoiffance, à une lieuë de-là, de qui elle efpéroit emprunter quelqu'argent pour aller jufqu'à Paris. Les raviffeurs avoient profité de l'abfence de la femme, qui étoit allé chercher fon cheval, pour enlever Angelique. Elle fut bien étonnée de la voir enfermée avec moi; elle commença par la gronder de ce qu'elle n'étoit pas demeurée dans l'endroit où elle l'avoit laiffée. Nous lui contames bien vite notre hiftoire, dont elle fut pénétrée de douleur; il fallut entrer à l'inftant dans une autre chambre, où nous reçûmes ordre exprès de nous mettre, Angelique & moi, dans un fort bon lit, où elle couchoit avec ſa mere, en attendant, dit la Daronne, que je vous prépare une rôtie au ſucre.

De vous exprimer, Madame, quelles furent alors les différentes agitations de mon eſprit & de mon cœur, c’eſt une choſe impoſſible, ayant d’un côté la vertu, & de l’autre, la plus aimable enfant qui fût au monde ; je vous laiſſe à penſer dans quel état je me trouvois. Elle avoit la peau d’une blancheur à éblouir : j’ai bien connu des femmes depuis ; mais je n’ai jamais rien vû de ſi beau, de ſi fin, & de ſi délicat.

Nous reſtames ſur notre ſéant, tandis qu’on préparoit la rôtie ; notre converſation ne conſiſtoit qu’en quelques ſoupirs entremêlés de ſourires en nous regardant avec un étonnement digne de compaſſion.... Je mis la main ſur ſa poitrine, & lui dis : Ma chere Angelique, votre

cœur palpite ; & le vôtre auffi, re-
pliqua-t'elle fur le champ , & faifant la même cérémonie. Avouez,
Monfieur, continua-t'elle, que voilà une avanture bien étrange , &
que vous aimeriez mieux vous réjouir dans le bois avec vos Mef-
fieurs , que d'être feul avec une
petite infortunée, dont la compagnie n'a rien que de fâcheux & de
gênant. Les vers que vous com-
pofiez feront affurément beaux ,
car ils vous coutent bien cher.

La compagnie, lui dis-je, Mademoifelle, eft plus nombreufe que
vous ne penfez ; nous avons du
moins partie quarrée, puifque vous
en mettez Apollon. Quel eft donc
l'autre, dit-elle ? eft-ce Mars pour
nous défendre ? vous le repréfen-
tez, Monfieur... Vous vous trom-
pez, repliquai-je en l'interrompant;
c'eft le Dieu d'Amour. Ah , s'é-
cria Angelique, c'eft le plus re-
doutable de tous les Dieux ; je l'en-

tends souvent répeter à ma chere
maman. Si cela est, Mademoiselle,
lui répondis-je, votre sort est à
plaindre, & si vous ne quittez ce
Dieu, qui vous accompagne sans
cesse, & que je viens d'appercevoir se placer à l'instant entre nous
deux, il vous fera plus de mal qu'à
toute autre. Mais pourrois-je vous
demander quelle est l'aimable personne dont le Ciel m'a rendu le
liberateur. Votre esprit, vos manieres nobles, & votre éducation,
me dénotent en vous quelque chose de grand. Vous meritez un des-
tin moins rigoureux : parlez, belle
Angelique, & n'ayez pas le moindre soupçon sur ma fidélité. Je suis
votre serviteur au péril de mille
vies.

Comme elle alloit parler, la
bonne mere parut, qui nous demanda si nous dormions. Non, ma
bonne, lui dis-je, nous attendons
la rôtie. La voilà, dit-elle, man-
gez,

gez, mes enfans, après quoi vous dormirez en repos ; je vous enfermerai, & si les voleurs viennent, je les recevrai avec ma fourche de fer. Ce soir, quand mon mari sera revenu, il reconduira Monsieur à la Ville.

A ce discours, nous nous regardames dans le même moment, Angelique & moi ; le rouge nous prit, & après un petit soupir, qui nous échappa à tous les deux, nous mangeames notre rôtie. Nous eumes à peine le tems d'achever qu'il survint un nouvel accident, qui pensa faire mourir Angelique de douleur. Une servante de l'Abbaye étoit présente lorsque nous racontions à la femme du Garde ce qui nous étoit arrivé dans l'Isle. La chose fut bientôt rapportée, & vint aux oreilles de l'Abbesse, laquelle, soit par curiosité, ou autrement, envoya sur le champ chez le Garde, avec ordre de lui ame-

ner la petite-fille, & de dire de sa
part à la femme de la livrer, &
même de l'accompagner, sous
peine d'être chassée. Cette nouvelle fut un coup de foudre pour
la pauvre Angelique, quand cette
femme vint la lui annoncer. Elle se
jetta à mon col, colla ses jouës
sur les miennes, & ne pouvoit me
quitter. L'Abbesse, me dit-elle
tout bas, voudra sçavoir mon nom:
elle n'ignore pas qui je suis; je ne
reverrai jamais ma chere Maman... Je lui fis signe aussi-tôt, &
portant la parole à la bonne mere, je la priai d'avertir ces gens qui
étoient venus, que la petite-fille
étoit au lit, & qu'elle alloit se lever, en lui recommandant de ne
laisser entrer personne, afin qu'on
ne s'apperçût point que j'étois là :
je lui demandai aussi de l'encre &
du papier, pour qu'Angelique écri-
vît un mot à sa mere, qu'elle auroit
soin de lui remettre à son retour.

En même-tems je dis à Angelique : Changeons d'habits , & j'irai au Couvent en votre place. Nous sommes à peu près de même taille ; je jouerai si-bien mon rôle , que je vous tirerai de ce pas. Je vais vous donner une Lettre pour Madame Pajot , où je demeure en pension. De ma part , elle vous recevra à bras ouverts , & vous y serez en sûreté. Dans celle que vous laisserez pour Madame votre mere , marquez-lui l'adresse que je vous donne : vous partirez avec les Ecoliers qui sont à la promenade ; en les suivant un peu de loin , ils vous prendront pour moi, & vous guideront presque jusqu'à ma demeure , que l'on vous enseignera facilement. Angelique approuva ma proposition , & s'étant un peu remise , elle écrivit ces mots à sa mere.

On me croit à l'Abbaye , & je suis chez Madame Pajot , vis-à-vis l'Hôtel de Ville. Le Ciel m'y a conduite sous les auspices de mon Libérateur. Aussi-tôt que vous serez arrivée, ne differez pas d'un moment à venir me joindre. Le tems ne me permet pas de vous en marquer davantage ; je meurs d'impatience en vous attendant. Si vous passez dix heures avant que d'arriver, vous ne trouverez plus en vie votre fille Angelique.

Nos Lettres écrites, j'appellai la femme, & lui fis entendre qu'il seroit à propos qu'elle allât prier Madame l'Abbesse de différer ses ordres jusqu'au retour de la mere d'Angelique, qui me venoit d'assurer qu'on ne l'accorderoit pas. Je lui dis aussi de faire rester Manon sa petite-fille, qui venoit de rentrer, parce que nous aurions besoin de sa présence pendant qu'elle iroit à l'Abbaye. Mon avis ayant été suivi, aussi-tôt que la bonne mere fut partie, je pris les habits

d'Angelique, & elle les miens ;
après quoi nous fîmes entrer Manon. La chambre étoit obscure ,
& nous avions même fermé une
petite fenêtre, par laquelle entroit
le jour ; je dis tout bas à Manon :
Voilà une Lettre que tu remettras
à ma chere Maman, lorsqu'elle
sera arrivée, afin qu'elle vienne me
trouver à l'Abbaye, & sur-tout n'en
parle à personne. Presentement
conduis Monsieur (en parlant
d'Angelique, qui avoit mes habits) jusqu'à l'endroit où s'assem-
blent ordinairement les Ecoliers
qui viennent à la promenade ; il
te récompensera de ta peine , après
quoi tu reviendras promptement.
La petite-fille sortit avec Angelique, sans se mettre en peine de
la considérer, & la mena à l'endroit que je lui avois indiqué. Angelique en la quittant , lui fit présent d'une trentaine de sols, que je
lui avois remis pour elle.

Je ne différai pas à paroître dans la premiere chambre où étoient les gens de l'Abbaye : m'avançant d'abord du côté de la porte, je feignis de vouloir m'enfuir ; on ne me laissa pas aller loin : un gros garçon m'ayant saisi par le bras, aussitôt je me mis à crier de toutes mes forces : Ma bonne amie ! ma bonne amie ! je veux aller voir ma bonne amie Madame Saunier ; c'étoit le nom de la femme du Garde. Ce garçon s'étant offert de m'y mener ; volontiers, lui dis-je, mais allons vîte. Il me prit aussitôt entre ses bras, en me contant des sornettes à sa façon, & me porta en diligence à l'Abbaye, où étant arrivés, nous rencontrames Madame Saunier, qui s'en retournoit. On m'en avertit aussi-tôt ; mais comme j'avois exprès étendu ma cornette sur mon visage, je fis semblant de dormir. La bonne femme ne voulut point qu'on m'éveiltât; elle recommanda même qu'on me fît coucher au plûtôt, parce que j'étois fatiguée. Elle revint avec nous jusqu'à la grille, où elle ne fit que paroître, après quoi on la congédia, & on m'introduisit dans la maison.

Je fus reçuë par Madame la Sous-Prieure, qui avoit le plus d'intérêt de m'avoir en sa possession. Madame l'Abbesse étant alors occupée, je ne la vis que le lendemain, parce que le sommeil m'accabloit si fort, qu'on se détermina à me mettre au lit, voyant qu'on ne pouvoit tirer aucune raison de moi : je me laissai deshabiller. On me donna une chemise blanche, que je voulus mettre moi-même; & je me couchai dans le lit de la Sous-Prieure, qui en agissoit ainsi, afin de m'attirer sa confiance. C'étoit une grosse maman de bonne mine, âgée d'environ vingt-quatre ans. Je restai tranquille jusqu'à ce qu'elle se

retirât dans fa chambre pour fe coucher. Elle étoit accompagnée de
deux Religieufes, qui approche-
rent de moi avec une bougie pour
me confidérer ; mais je fis un cri
qui les obligea de me laiffer. Lorfqu'elles furent forties, Mada m la
Sous-Prieure fit une petite oraifon,
& ne tarda pas à fe mettre au lit.
A peine l'eus-je fentie, que je me
jettai à fon col, & l'embraffai, en
lui faifant mille careffes, parmi lef-
quelles j'avois foin de paffer adroitement la main fur fa gorge, qui
étoit des mieux conditionnées. Elle
fut charmée de me trouver en cette difpofition, & m'affura que je
ferois fa bonne-amie. Je lui demandai fi ma chere maman étoit à la
maifon ; elle me dit que non, mais
qu'elle me viendroit voir bientôt.
Elle me recommanda d'être bien
raifonnable, avec promeffe que je
trouverois en elle mon repos & ma
fatisfaction. Je fus un bon quart-
d'heure

d'heure à lui prodiguer mes petites careſſes , juſqu'à ce que j'apperçus qu'elle commençoit à s'aſ-
ſoupir ; & peu de tems après je
l'entendis ronfler.

Quand elle fut bien endormie je
m'entretins de mille réfléxions , ne
penſant à rien moins qu'au ſom-
meil. J'avois remarqué qu'elle avoit
dans un recoin de ſa chambre une
lampe qui brûloit toute la nuit. Je
me levai , & ayant pris ſa bougie
qu'elle avoit miſe ſur un guéridon
auprès du lit , je l'allumai à cette
lampe. Enſuite m'approchant du
lit , je tournai le dos du côté de
ſa tête , afin de couvrir les rayons
de la lumiere, crainte qu'elle ne s'é-
veillât; puis ayant adroitement levé la couverture & le drap , je fis
viſite par-tout. On doit préſumer
que j'éprouvai dans ce moment de
terribles aſſauts ; mais j'étois encore trop timide. Après avoir plei-
nement ſatisfait ma curioſité , je re-

mis tout au même état , j'éteignis la lumiere & me remis au lit. Enfin m'étant entretenu de diverses pensées pendant plus de deux heures , je m'endormis jusqu'au lendemain à cinq heures qu'elle se leva pour aller à Matines ; c'étoit le mercredi.

Au retour de Matines j'eus nombreuse visite, tant par rapport à l'avanture de la veille , que par les témoignages que Madame la Sous-Prieure avoit déja rendus en ma faveur. On m'apporta les habits d'une jeune pensionnaire & on me mit fort proprement : j'essaiai de me coëffer moi-même ; mais je mettois le devant derriere,& donnai à rire à toute la compagnie , ayant d'ailleurs assez mauvaise grace en fille , quoique j'eusse le tein fort blanc & de très-belles couleurs. On suppléa au défaut , & je fus bientôt parée pour aller souhaiter le bon jour à Madame l'Abbesse , qui étoit déja préve-

(27)

nuë que la nouvelle hôtesse avoit
beaucoup d'esprit. Cette Dame me
reçut de la maniere du monde la plus
obligeante; me fit plusieurs questions,
entre autres , si je voulois rester au
Couvent & être Religieuse. Après
l'avoir remerciée respectueusement
de ses bontés , je la supliai très-humblement en faisant une profonde révérence, d'un air modeste & en même tems des plus sérieux , de me
pardonner si je ne répondois pas à
cette derniere question ; que j'avois
des raisons essentielles. L'Abbesse
étonnée de cette réponse , me dit
en riant qu'elle ne voyoit pas que
les prétenduës raisons que pouvoit
alléguer un enfant de mon âge fus-
sent de si grande conséquence pour
les cacher , que je pouvois parler
& qu'elle sçauroit lever tous les
scrupules que j'avois à ce sujet.
Je gardai un profond silence . . . .
Madame l'Abbesse insista , & me
commanda absolument de m'expli-

quer , en me menaçant de me faire rendre mes habits de païsanne. Continuant mon air sérieux je lui répondis : Madame, les habits ne sont que pour couvrir nos corps ; la parure n'y fait rien , ils sont toujours assez beaux quand ils couvrent la vertu. Oh ! oh , dit l'Abbesse , voilà une grande fille , voilà de grands sentimens , & dignes d'une bonne Religieuse ! C'est par humilité, mon cher enfant, que vous vouliez me les cacher... Allons qu'on lui donne l'habit de novice. Non pas, s'il vous plaît, Madame, m'écriai-je. Quoi vous n'aimez pas être Religieuse ? vous voulez donc vous marier ? oui , Madame.... Toutes les Religieuses éclaterent de rire , se témoignant les unes aux autres le contentement qu'elles avoient d'une si belle trouvaille; Madame la Sous-Prieure de son côté ne manquoit pas de s'aplaudir intérieurement des complimens qu'elle recevoit de toutes parts à mon sujet. Enfin Madame l'Abbesse me demanda mon âge, en témoignant que je lui paroissois bien jeune pour décider sitôt en faveur du mariage. Je lui dis, Madame, j'ai lû dans l'histoire que les filles en Turquie sont nubiles à neuf ans ; j'en ai dix, il est tems d'y penser. Nous ne sommes pas en Turquie, repliqua l'Abbesse en riant de tout son cœur ; un François, Madame, vaut toujours bien un Turc... Les éclats redoublérent, ensuite Madame l'Abbesse se leva & me dit en m'embrassant : allez déjeûner, mon cher enfant, vous l'avez bien mérité.

On me conduisit en grand cortége dans l'appartement de la Sous-Prieure, où je fus accablée par la profusion de confitures & de bonbons entremêlés de baisers que toutes les Religieuses me prodiguoient à l'envie l'une de l'autre. Après déjeûné je visitai toute la maison : par tout j'étois reçuë avec l'accueil le plus gracieux. J'allai dans l'appartement des pensionnaires que j'embrassai toutes ; de-là dans celui des novices à qui je fis la même cérémonie. Rien ne m'étoit refusé, & toute la maison retentissoit du nom de la petite Angelique , qui étoit un prodige d'esprit & de mérite. Il y en avoit même qui m'avoient destinée à posséder un jour la dignité Abbatiale , espérant de me faire bientôt quitter l'idée de me marier.

L'heure de la Messe étant venuë , je fus la premiere à témoigner l'ardeur que j'avois d'y assister. J'avois la voix claire & forte : aux petites Heures je psalmodiai avec les Religieuses , je chantai aux répons , aux hymnes, à la messe, à vêpres & à tout l'Office ; ce que je continuai pendant les six jours que je restai au Couvent

d'une maniere qui enchantoit toute la maison. Le maître d'école de
mon village m'avoit appris le Plein-
chant en m'enseignant à lire &
écrire ; de sorte qu'à tous les tems
je tenois chœur avec une admi-
ration & une force qui effectivement paroissoit quelque chose de
prodigieux dans une jeune personne
de mon âge. Je voulus ensuite lire
au Réfectoir des Religieuses & des
pensionnaires , à qui j'étois pro-
posée comme un modéle de perfection. En effet , il n'y avoit personne à la maison qui lût aussi bien
& aussi correctement que moi.

Je ne manquai pas , comme
vous jugez bien , d'être admise à
la table de Madame l'Abbesse , qui
se faisoit un plaisir charmant de
m'avoir à côté d'elle & d'entendre
ma petite conversation , qui la sa-
tisfaisoit sur toutes les matieres en
question ; souvent même je lui
apprenois ce qu'elle ne sçavoit pas,

C iiij

comme elle ne faifoit pas difficulté
de l'avouer. Madame la Sous-
Prieure étoit de toutes mes parties,
& ne me quittoit pas un moment
de vûë. Elle auroit fouhaité pour
toutes chofes au monde que je ne
me fuffe jamais féparée d'elle ; ce
qu'elle me déclara le jour que je
lui fis mes adieux. Je ne vous ré-
péterai point les careffes & les bai-
fers que nous nous donnions réci-
proquement tous les foirs & ma-
tins , fans compter ceux de la
journée , ni les tourmens que tout
cela me caufoit ; ce qui me l'affec-
tionna d'autant plus , c'eft que
ayant pris envie à l'Abbeffe de me
faire coucher avec elle , elle lui en
parla. La bonne Dame me le re-
dit les larmes aux yeux ; mais je
la tirai de cette peine en repréfen-
tant refpectueufement à l'Abbeffe
que fa perfonne étant auffi chére ,
elle ne devoit pas s'expofer par un
excès de bonté à altérer fon repos :

que moi-même fi j'avois ofé j'aurois pris la liberté de lui demander cette grace ; mais que confidé-
rant la vivacité dont j'étois , loin
d'accepter la propofition obligeante qu'elle me faifoit , je croyois devoir même en confcience l'en re-
mercier , attendu que je ne faifois
que remuer & fretiller toute la nuit,
ce qui avoit incommodé Madame
la Sous-Prieure ; que je ferois également fenfible à cette politeffe de
fa part , que fi j'avois l'honneur
d'en profiter ; qu'enfin prévoyant
qu'elle feroit contrainte de fe dé-
faire de moi , il étoit plus à propos
de laiffer les chofes dans l'état où
elles étoient.

L'Abbeffe , foit qu'elle ajoutât
foi à mes raifons , foit qu'elle pen-
fât que la Sous-Prieure m'avoit fait
la bouche , & que la chofe pourroit lui faire de la peine , agréa
ma très - humble repréfentation.
J'en rapportai auffi-tôt la nouvelle

à ma chére compagne , qui me remercia par deux baiſers & un beau pot de confitures.

Le Jeudi troiſiéme jour de mon entrée , comme c'étoit congé , toute la Communauté alla l'après-midi dans un petit parc enclos de murs prendre le plaiſir de la promenade & de la récréation.

Les divertiſſemens & les jeux furent variés ſelon le goût de ces Dames. Pour moi je me mis d'une partie qui jouoit au colin-maillard , à cauſe d'une jeune novice que j'avois embraſſée plus tendrement que les autres dans une viſite , & dont la beauté m'avoit fait quelqu'impreſſion. La bonne Sœur ſe laiſſa tomber en courant dans un boſquet , & fut bleſſée à la cuiſſe ſur un petit tronc dans un endroit qu'elle ne pouvoit voir que très-difficilement. Comme je la ſuivois toujours de près , je fus la premiere à m'appercevoir de ſa

chûte & à courir à son secours. Le
sang couloit avec abondance de sa
playe , & elle se seroit évanouïe
de la peur si je ne l'eusse rassurée ,
en lui disant que le reméde souve-
rain étoit de laver la playe avec de
l'urine , de mouiller ensuite un
papier de la même liqueur & l'ap-
pliquer dessus , l'assurant d'une
promte & parfaite guérison par
l'expérience que j'avois de ces sor-
tes d'accidens. Je lui présentai mon
mouchoir qu'elle arrosa & dont je
fis onction sur sa blessure , après
quoi je posai l'appareil & l'essuyai
fort proprement. Quelques Religieuses voulurent s'approcher dans
le moment de l'opération ; mais
je leur fis signe que ma Sœur
étoit là pour quelques besoins : c'en
fut assez pour les faire retirer. Nous
nous promenâmes ensuite la novice
& moi : je lui fis observer qu'il ne
falloit point ôter le papier , mais le
laisser tomber de lui-même , ce qui

seroit une marque de l'entiere guérison. Elle me pria de n'en rien dire,
ce que je lui promis : sur quoi elle
parut assez tranquille après par la
confiance qu'elle me témoigna sur
la réputation que je m'étois déja
acquise d'avoir beaucoup de discrétion. Cette avanture me mit au
nombre de ses plus fidelles amies.

Il est tems , Madame , que je
sorte de ce Monastere, où naturellement je n'étois pas appellé. La
Sous-Prieure mon aimable compagne m'en va bientôt fournir les
moyens. Elle s'étoit apperçuë de
quelque chose lorsque la novice
fut blessée ; elle en parla à la Sœur
qui lui confessa tout. J'eus quelques reproches honnêtes de sa part
sur ma trop grande discrétion , en
me faisant entendre qu'il n'y auroit
pas eu si grand mal que je lui en
fisse la confidence. Ma chere mere,
lui dis-je en l'embrassant , si vous
m'aviez commandé quelque secret

trouveriez-vous bon que je le révé-
laſſe ? Non , dit-elle , & je vous
loue de cette maxime. Sçachant par
cette conjonĉture la liaiſon que
j'avois faite avec la novice , qu'elle
aimoit auſſi , elle réſolut de lui faire
à ſon tour confidence d'une choſe
où elle n'avoit pû réuſſir , & la pria
de ſe joindre à elle dans ſon entre-
priſe.

La bonne Dame avoit reçu des
Lettres de Beſançon , par leſquelles
on lui mandoit qu'il étoit aiſé de
ſçavoir ſi j'étois la véritable Angélique dont il s'agiſſoit , par une petite étoile dont on ſpécifioit la couleur & l'endroit. Elle avoit tenté le
matin en me careſſant & feignant de
vouloir me donner le fouet , de faire cet examen , dont elle n'avoit pû
venir à bout par la force de la réſiſ-
tance qu'elle y trouva. Je la fis même rougir par le ſcrupule dont je
me flattois en fait de pudeur : pour
exécuter donc ſon deſſein elle avoit

demandé permiſſion à l'Abbeſſe à l'iſſuë du diner de mener dans ſa chambre la Sœur S. Benoît (c'étoit le nom de cette novice.) Le com‑plot étoit de jouer & de folatrer avec moi , & pour concluſion de me donner le fouet en badinant , afin de découvrir la curioſité. La choſe réuſſit de la maniere qu'on ſe l'étoit propoſé. La novice étant trop foible pour l'exécution , la Sous‑Prieure me ſaiſit par deſſous les bras , & s'étant aſſiſe ſur ſon lit , la novice leva promptement les voi‑les... Mais quelle fut leur éton‑nement , quand elles apperçurent un ſigne bien différent de celui qu'elles cherchoient ! Je vis le mo‑ment que la pauvre Religieuſe al‑loit pâmer de douleur , auſſi bien que la novice qui ſe jetta ſur le lit pour ſe cacher. Me regardant en‑ſuite avec des yeux mourans & baignés de larmes , elle me dit d'un ton languiſſant : Monſieur , quel

perſonnage venez-vous jouer ici ?
ah je ſuis perduë ! la mort eſt inévitable pour moi ; ce procedé eſt
indigne ! Un ſpectacle auſſi touchant me déconcerta ſi fort que je
tombai moi-même à ſes genoux ,
que je baignai de mes larmes en
lui demandant mille pardons . . . Si
je ſuis coupable , Madame , c'eſt
malgré moi , lui dis-je ; c'eſt pour
Angélique que je ſuis ici : j'avois
été ſon libérateur une fois ; la né-
ceſſité m'a contraint de l'être une
ſeconde. Le mal n'eſt pas ſans reméde : non , Madame, non , vous
ne mourrez point ; votre vie m'eſt
trop précieuſe , & je ſuis tout prêt
de ſacrifier la mienne, s'il le faut ,
pour ſauver en votre faveur juſques
aux moindres apparences. Pardon ,
ma chere Dame , pardon , & mille
& mille pardons !

Comment ferez - vous , dit en
ſoupirant cette charmante affligée ,
qui me parut alors plus belle que

jamais ? Vous avez de l'esprit , j'en conviens , continua-t-elle en revenant un peu à elle-même : vous ne manquerez pas d'expédiens pour vous ; mais pour moi encore une fois l'écueil est inévitable. Je suis charmé , repartis-je en souriant , ma chere & respectable maman, que vous trouviez du moins en moi une ressource pour moi ; eh bien , Madame , commençons par l'employer à votre service , après cela deviendra ce que pourra l'impertinente Angélique. Ces mots achevérent de la remettre tout-à-fait... Y aura-t-il quelque ressource pour moi, dit la novice ? Oui, ma belle Sœur, rassurez-vous aussi ; tout le monde sera content.

Ensuite portant la parole à la Sous-Prieure : Madame , lui dis-je, rien n'est si aisé que de nous tirer de cet embarras ; il ne faut que du secret. Vous pouvez déclarer à

Madame

Madame l'Abbeſſe que vous avez fait l'examen des pieces; que n'ayant point trouvé ce que vous cherchiez, & que ne voyant dans toutes les circonſtances de mes réponſes aucun rapport à la naiſſance de la fille dont eſt queſtion, vous jugiez qu'il falloit me faire conduire à la Ville, dans une maiſon où l'on connoiſſoit ma mere, qui ne manqueroit pas d'être en peine de ce que l'on me gardoit ſi longtems ſans lui donner de mes nouvelles ; qu'au ſurplus ſi elle étoit dans la diſpoſition de me laiſſer au Couvent, on prendroit occaſion de lui faire ſentir ſon impoliteſſe, attendu qu'elle auroit dû me venir voir ; que de mon côté je paroiſſois fort contente, & que je vous avois promis de revenir à la maiſon ſi ma mere y conſentoit ; mais que je deſirois inſtamment l'aller trouver.

La bonne Dame goûta ces raisons à merveilles, & se levant sur le champ, elle alla les déduire à l'Abbesse, qui donna ordre de me faire préparer une voiture. Elle revint bien vîte avec un air content, & me dit en entrant : J'ai ton congé, fripon, mais je ne te le pardonnerai jamais, libertin que tu es. Je crois cependant, Madame, lui repliquai-je, vous avoir donné de grandes preuves de ma sagesse; à quatorze ans passés, on pourroit être plus méchant.

Ce mot de quatorze ans passés la fit frémir. Il est vrai, dit-elle, que voilà une vertu bien héroïque, & toute Religieuse que je suis, dans une conjoncture aussi délicate, je n'en dirois peut-être pas tant. Mais graces au Ciel, je l'ai échappé belle. Ajoûtez, Madame, graces au respect que j'ai pour vous & pour le sexe : j'en prends à témoin ma Sœur S. Benoît.

Pendant que nous plaisantions

fur toutes ces matieres , & qu'elles
me badinoient à leur tour fur la
cérémonie que j'allois éprouver
en rentrant au Collége , il penfa
furvenir une autre avanture affez
finguliere. Une Converfe vint annoncer qu'il n'y avoit point de voiture , & que je ne partirois que le
lendemain. . . Avec qui coucheras-
tu , me dit la Sous-Prieure , quand
la Commiffionnaire fut partie ?
Avec vous , Madame , & afin que
la Sœur S. Benoît n'ait rien à dire , je me mettrai entre-vous deux.
O Ciel , s'écria-t'elle , ce lutin m'eft
envoyé pour mes péchés. . . Il faut
que tu trouves un expédient à cela. Ma foi non , dis-je , c'eft à vous:
j'ai gagné mon procès , gagnez le
vôtre fi vous pouvez.

Cependant ces Dames ayant
eu difpenfe d'aller aux Vêpres à
ma confidération , nous goûtâmes ,
& peu de tems après on nous avertit qu'il venoit d'arriver une voitu-

re de l'Abbeſſe , dont elles furent bien charmées. Je leur demandai au moins la permiſſion de les embraſſer , ce qui me fut accordé de fort bonne grace. Nous nous donnâmes la main toutes trois, avec proteſtation de ne jamais révéler le myſtere.

Sur ces entrefaites , je demandai à Madame la Sous-Prieure ſi je ne pourrois point ſçavoir d'elle pour quelle raiſon il y avoit eu de ſi bons ordres en faveur d'Angelique ; qu'elle me paroiſſoit être la mieux inſtruite ſur cet article. Elle me répondit : Je vous déclarerai ſeulement que ma ſœur a épouſé ſon grand-pere en ſecondes nôces : de grace épargnez-moi, je vous eſtime trop pour vous en dire davantage ; Angelique vous informera du reſte : je l'aime ſans la connoître, & j'ai un regret mortel de tout cela.

Quand nous eûmes achevé de

goûter, la Converse vint avec un air dolent dire que l'équipage étoit prêt. La Sœur S. Benoît ne faisoit que de sortir ; alors je me jettai au col de la Sous-Prieure, tandis que la Converse se lamentoit en priant cette Dame de me faire rester encore jusqu'au lendemain. Elle m'ayant ensuite jetté un regard noble & fier, me dit : Partez, Mademoiselle, il est tems ; Madame votre mere vous attend avec impatience. J'embrassai la Converse, qui me conduisit jusqu'à la porte du parloir : je montai dans la chaise de l'Abbesse, & j'arrivai sur les cinq heures du soir chez mon Hôtesse le sixiéme jour que j'en étois sorti. Mon arrivée me fut à moi-même si imprévûë, que j'eus à peine le tems d'essuyer mes larmes avant que de paroître.

Madame Pajot mon Hôtesse me donna promptement mes habits qu'Angelique lui avoit remis, &

renvoya le lendemain à l'Abbaye
ceux que j'avois apportés. Ne fça-
chant enfuite par où débuter pour
fçavoir comment j'avois paffé le
tems de ma retraite, elle me demanda enfin, me voyant tout in-
terdit, fi j'étois fâché de n'être plus
Religieufe. Je répondis affez froi-
dement que cette éclipfe m'avoit
caufé de fi grands embarras, que
je n'étois plus d'humeur à me mê-
ler de filles, & que dorénavant je
fçaurois bien laiffer à Dom-Qui-
chote le foin de délivrer les belles
de leur captivité. Mais enfin comment vous en êtes-vous tiré ? Si
je n'avois eu, lui dis-je, autant de
fermeté, il en coutoit cher à ma
pudeur ; mais j'ai tant fait par les
preuves évidentes, que je n'étois
point celle qu'on croyoit, qu'à la
fin ces Dames, convaincues de la
verité, m'ont renvoyé. Je vous
laiffe à juger de mes peines par la
durée de mon interrogatoire, &

ce n'eſt qu'à la réponſe d'une Lettre qu'on avoit écrite à Beſançon, que s'eſt conſommé l'ouvrage de ma ſortie. Gardez le ſilence ſur tout, je vous en conjure ; maintenant où eſt Angelique ? Où eſt ſa mere ?

Angelique & ſa mere, dit Madame Pajot, partirent pour Paris le ſurlendemain de votre entrée au Couvent, à quatre heures du matin. Angelique reconnut ſur le chemin ſa mere, qui la ſuivoit à grande hâte, & ayant fait arrêter la chaiſe du Curé, elle la fit monter avec elle ; elles arriverent toutes les deux enſemble à huit heures du ſoir avec votre Lettre. A l'heure même j'envoyai un exprès à Madame votre mere, & la priai de ſe rendre inceſſamment ici pour affaire d'importance. Elle arriva le lendemain à midi ; nous dînâmes avec elle ces Dames & moi, & elles lui conterent votre avanture.

Après le dîné Madame de Beaulieu, (c'est le nom de la mere d'Angelique) eut une conversation particuliere avec Madame votre mere, qui lui donna genéreusement
vingt pistolles, qu'elle emprunta
pour habiller Angelique, & faire
leur voyage. Ensuite elle prit congé de nous, & s'en retourna le
même jour, après avoir prié Madame la Subdéleguée de faire vos
excuses à votre Régent, alléguant
pour raison que vous étiez mala-
de, & qu'elle alloit vous mener
à la Campagne pour vous rétablir.
Voilà tout ce que je peux vous apprendre. Il y a ici un cheval qui
vous attend depuis deux jours :
prenez quelques rafraîchissemens,
& allez-vous-en promptement souhaiter la bonne fête à Madame
votre mere, qui vous attend avec
une inquiétude extrême. Trouvez
bon que je vous recommande aussi
le secret ; car nous avons juré mutuellement

tuellement de n'en jamais rien révéler.

Je ne tardai pas à monter à cheval, & aussi-tôt que je fus au logis, ma mere me commanda de
me mettre au lit. Elle me vint voir
immédiatement après, & en m'abordant, elle me dit : Mon fils, vos
galanteries me coutent un peu
cher : vous sçavez que je ne suis
pas riche, & sur-tout depuis que
j'ai eu le malheur de perdre votre
pere, ce n'est que par mes grandes épargnes que je puis suffire aux
frais de votre éducation ; cependant je fais ce sacrifice à votre bon
cœur, comme une récompense de
l'attachement que vous avez pour
moi. Dites - moi maintenant quel
personnage vous avez fait dans
votre Monastére, & comment
vous vous êtes tiré d'affaire. Je
lui répondis, ma chere maman,
je vous donne quittance de bon
cœur, & au surplus vous fais mille

remerciemens de la maniere obligeante & généreuſe dont vous en
avez uſé pour l'amour de moi. Faſſe
le Ciel que je ſois un jour en état
de vous en témoigner ma ſincére
& très-humble reconnoiſſance. Voilà des vers que je faiſois pour votre bouquet quand je ſauvai la pauvre Angelique ; c'eſt à vous , & non
pas à moi à qui elle eſt redevable
de ſa ſûreté. Quant à mon perſonnage , je l'ai joué au mieux. Lui
racontant enſuite les petites parti-
cularités qui m'avoient attiré l'a-
mitié de toutes les Religieuſes , &
l'expédient ingénieux que j'avois
trouvé pour ſortir , en faiſant ma
confeſſion à Madame la Sous-Prieure , qui étoit ſeule du ſecret , & qui
avoit un intérêt particulier ſur le
compte d'Angelique. Au ſexe près,
ajoûtai-je , j'étois la Sultane favo-
rite du Couvent. Ma mere , après
avoir écouté attentivement ce ré-
cit , me demanda ſi je couchois

feul. Je l'aimois tendrement , &
j'aurois mieux aimé mourir , que
de proférer un menfonge en fa préfence. .. Je couchois , lui dis-je ,
avec Madame la Sous-Prieure, qui
par raifon de politique , ou à caufe de mes gentilleffes , voulut m'a-
voir avec elle ; mais elle n'a fçû ce
que j'étois que par mon aveu & le
jour de ma fortie : en un mot, pour
vous couper court , je rapporte
mon pucelage. J'ai promis le fecret, je tiendrai parole : je vous de-
mande la même grace par tout ce
que vous avez de plus cher ; vous
fentez infiniment mieux que moi
la délicateffe qu'il y a d'affoupir
entiérement cette affaire pour toutes fortes de raifons.

Ma mere me témoigna être très-
fatisfaite , & après m'avoir affuré
fa parole fur tout ce que je lui avois
demandé , elle fe retira , & me fit
apporter un bouillon. Enfuite je
foupai dans mon lit , & paffai la
E ij

nuit fort tranquillement.

Ayant séjourné quelques jours à la Campagne, je retournai au Collége, où je fus bien reçu. Mes compagnons me firent compliment sur ma convalescence, ayant cru que je m'étois trouvé mal à la promenade; ainsi je repris mes exercices, & achevai ma Réthorique.

Environ quinze jours après, étant à la Messe aux Cordeliers, je rencontrai la Sœur de S. Benoît. Nous fumes également surpris l'un & l'autre de notre métamorphose; & après les complimens ordinaires, je l'invitai à aller faire un tour de promenade sur le rempart, qui n'étoit pas éloigné de ce Couvent. Mademoiselle de Chevry (c'étoit son nom de famille) dont le pere étoit Receveur du Grenier à Sel, & avoit été très-ami du mien, accepta volontiers la proposition, & me témoigna même qu'elle seroit charmée de s'entretenir un mo-

ment avec moi. Elle laissa sa fille
dans une maison de sa connoissance ; nous montâmes ensemble sur
le Cours, & aussi-tôt elle me tint
ce discours : Vous êtes surpris ,
Monsieur, de me voir ici, sçachant
que vous m'avez quittée à la veille de prononcer mes vœux. Une
maladie assez ordinaire aux personnes de mon sexe , m'est survenuë
fort à propos ; vous qui êtes Médecin, pouvez aisément le reconnoître à la pâleur de mon visage :
cependant depuis que j'ai pris le
grand air, je me porte beaucoup
mieux. J'eus grand soin de saisir
cette occasion , pour avoir la permission de sortir quelques jours ;
j'en écrivis à mes parens, à qui je
ne manquai pas de grossir les ob-
jets, quoiqu'au vrai j'étois très-in-
commodée. J'engageai le Médecin
de la maison à donner un bon certificat, & tout cela détermina ma
mere à venir me chercher elle-mê-

me. Il n'est pas besoin de vous dire que j'allai faire mes adieux à
Madame la Sous - Prieure, votre
bonne amie, à qui je fis confidence que j'étois bien résoluë de ne
plus revenir au Couvent, ce que
j'ai obtenu à force de sollicitations
& de prieres. Il faut vous dire que
toute la maison est dans une inquiétude extrême à votre sujet ;
chacun en raisonne à sa façon : les
unes blâment sans ménagement
l'impolitesse de Madame votre mere, de ce qu'elle n'est point venuë
faire ses remerciemens, & n'a pas
même donné la moindre de ses
nouvelles. D'autres vont jusqu'à
dire que vous n'êtes point sa fille,
& que ses sentimens ni son éducation ne répondent nullement à
la vôtre ; enfin on s'est déchaîné
jusques sur la pauvre Madame la
Sous-Prieure, à qui on a reproché d'une maniere assez fâcheuse
d'être la cause de votre sortie ;

qu'elle auroit dû vous garder avec elle, fans s'embarraffer de cette marâtre, qui peut-être abandonnera la pauvre enfant, qui eft fi fage, fi pieufe, fi gentille, & qui a tant d'efprit. ... Eft-ce la fympathie qui opére tant de merveilles ? Vous feul leur avez déja plus couté de larmes qu'elles n'en verferont de leur vie. Pour moi je gage, que fi une Fée (femelle s'entend) alloit demeurer en cette maifon, elle n'aquéreroit pas en cent ans les faveurs & les regrets que vous y avez merités... Pour en revenir à Madame la Sous-Prieure, elle a été fi affligée, qu'elle eft changée à un point, que vous auriez peine à la reconnoître, tellement, que Madame l'Abbeffe a été obligée d'impofer filence fur votre article. Au bout de huit jours on ceffa donc de parler de vous ; il n'y avoit que cette bonne Dame & moi qui nous en entretenions toutes les fois que

nous avions la facilité de nous parler, qu'elle faifoit naître fouvent,
& avec beaucoup d'adreſſe. Ne
voyez-vous pas, ma chere Sœur,
me difoit-elle quelquefois en fou-
pirant, & les larmes aux yeux,
combien ce fripon me cauſe d'a-
mertume & de douleurs? Quand
je confidére que je fuis ſi mal ré-
compenſée de toutes mes bontés... Puis fe raſſurant un peu...
Il eſt bon enfant, il a de l'eſprit:
j'admire fur-tout fa générofité, fa
candeur & fa retenuë: je lui ſçais
bon gré... S'il avoit voulu, j'étois
perduë... Quand une fille eſt endormie... Lorfque je la quittai,
continua Mademoifelle de Chevry, elle me dit : je vous félicite,
ma chere amie, fouvenez-vous de
moi; je vous proteſte qu'en ce moment je ferois de votre compagnie, ſi j'avois la même liberté.
Adieu, je vous embraſſe de tout
mon cœur... Si vous voyez ce li-

bertin, faites-lui mes complimens. ...
Enfuite m'adreffant la parole : En
faut-il davantage , Monfieur ? Partez à l'inftant , & allez confoler
cette infortunée, qui ne pourra jamais vivre fans vous ; l'habit d'u-
ne Religieufe vous fied mieux qu'à
toute autre.

Je remerciai Mademoifelle de
Chevry de fon compliment & de
fa commiffion obligeante , & lui
répondis en ces termes : Je fuis
fenfible autant qu'on le peut être
aux peines qu'a caufé à Madame
la Sous-Prieure mon innocente té-
mérité. J'efpere néanmoins que
l'autorité de l'Abbeffe lui aura déja rendu la tranquillité de fon ame
& fon embonpoint. J'ai lieu de regretter , & je regrette fincérement
le Monaftére pour les agrémens
& les charmes les plus piquans que
j'y ai trouvés : fi je n'y fuis pas re-
tourné , c'étoit bien contre mon
gré. ... Mais vous , adorable No-

ne, qui m'aimez si fort Religieuse, je crois que vous auriez beaucoup mieux fait d'y rester, que de venir dans le monde me donner ce conseil.

Mademoiselle de Chevry étoit une brune piquante, jolie, & pleine d'esprit. Quoiqu'elle eût deux ans plus que moi, elle considéroit que je pourrois être un parti convenable pour elle ; aussi me payat'elle finement de ma réponse par cette replique : je pense que tous les hommes en général n'ont qu'une passion dominante, qui est l'amour de la liberté ; il n'y a que la privation des choses qui nous les fait désirer : pour moi il me semble qu'étant au Couvent, j'avois le cœur plus tendre qu'à présent. Je conçois que j'ai beaucoup perdu dans ma Théorie.

Je compris sa pensée ; mais comme j'avois l'esprit occupé de différentes choses, je n'allai pas plus avant : je lui demandai seulement la permission de l'aller voir , ce qu'elle m'accorda de la maniere du monde la plus honnête & la plus gracieuse. Elle rejoignit sa fille , & nous nous séparâmes chacun de notre côté.

Deux jours après je retournai à ma Campagne passer les Vacances , qui étoient arrivées. Ma mere, qui avoit bonne opinion de ma petite personne , & qui désiroit depuis long-tems que je prisse le parti de l'Eglise , sçachant d'ailleurs que je me portois assez naturellement aux bonnes choses , & que je n'aimois pas à être contredit , voulant au contraire que les déterminations vinssent de moi - même , avoit toujours differé de m'en parler , crainte de me chagriner & de me rebuter des études , où je faisois des progrès admirables. L'obligation récente que je lui avois de sa générosité , lui parut un motif suffisant pour l'autoriser à m'en faire la proposition. Le pas étoit un peu glissant, eu égard à l'avanture d'Angelique, qui pouvoit avoir fait quelque impression sur mon cœur; mais je sçus depuis qu'elle avoit jugé cette occasion plus propre à son dessein, afin de m'ôter de l'esprit toute espéce d'amourette par la perte que je faifois de cette belle, dont je ne devois recevoir aucune récompense de mes services: & pour ne me point intimider (car j'étois assez scrupuleux) elle me proposa simplement de prendre l'habit Ecclésiastique, sans me presser de demander la tonsure, à laquelle elle me donnoit à ma discrétion le loisir de me préparer. Ç'en étoit assez, par la connoissance qu'elle avoit que je ne pouvois supporter aucun changement. Je sentis le coup; mais comme dèslors j'avois horreur de l'ingratitude, je ne balançai point à lui dé-

clarer que je n'avois point d'autre
volonté que la fienne. Sa prudente réflexion étoit jufte, & fi je ne
l'euffe pas perduë fitôt, je ferois
Prêtre aujourd'hui. Je pris donc la
foutanelle & le petit collet, & je
devins tout d'un coup Monfieur
l'Abbé. Quelques amis lui confeil-
lerent en même-tems de m'envoyer à Paris, pour faire ma Philofophie : elle ne fit aucune difficulté de fe rendre à ce fentiment,
& comme elle penfoit avoir la clef
de mon honneur, elle crut que je
ne m'embarrafferois pas de recher-
cher Angelique. Je vins donc à
Paris au Collége de Lifieux, où,
après ma Philofophie, j'étudiai
trois ans en Théologie, en Droit
& en Médecine tout-à-la fois. Vous
pouvez juger, Monfieur, fi je fon-
geois à l'amour. Après ce Quin-
quennium, mon frere m'écrivit que
j'euffe à me rendre inceffamment
au logis ; que ma mere étoit très-

mal. Je partis sur le champ, & à
peine eus-je le tems, à mon arrivée, de lui rendre mes derniers devoirs. Ce fut un coup mortel pour
moi. Outre la tendresse que j'a-
vois pour elle, je sentis vivement
combien cette perte m'étoit chere.
Je la pleurai six mois entiers : on
me donna d'abord un Tuteur, qui
se fit honnêtement payer de ses
peines. Il fallut ensuite obtenir des
Lettres d'émancipation.... Du vi-
vant de ma mere, j'avois de vrais
amis ; après sa mort, je n'en trouvai que de faux. On me conseilla
d'entrer au Séminaire de mon Diocèse : plusieurs personnes m'offri-
rent leurs services auprès de mon
Evêque, entr'autres un riche Marchand, qui pour de bonnes raisons, avoit accès chez ce Prélat.
Ce digne Crésus étoit continuellement à la pipée, pour attirer dans
ses filets quelque lambeau de toutes les successions qui venoient à

vaquer. Il avoit plus d'une fois uni
à ses vergers la vigne du pauvre Na-
both. J'avois un fort bel héritage
qui lui convenoit à merveille ; il
n'y eut sorte de caresses qu'il ne me
fît pour l'avoir. J'allois manger
chez lui : j'étois un garçon sage,
vertueux, rempli de mérite, le Pro-
totype du Diocèse, dont je devois
à bon droit posséder le meilleur Bénéfice. Pour me débarrasser de ses
importunités, ausquelles infailli-
blement il auroit fallu souscrire, je
fis, à son insçû, une Transaction
avec mon frere, par laquelle je lui
abandonnois mon bien, moyennant la rente… Je devins tout-à-
coup un libertin, un vaurien, un
ignorant. Je ne m'occupois qu'à
chasser, pêcher & faire l'amour ;
j'étois le Cocq du Village : en un
mot chacun me calomnia, jusqu'à
un fou d'Architecte ; mais sur-tout
un Abbé, parent de ce Marchand,
qui, quoique d'ailleurs assez pru-

dent, malgré son ignorance effec-
tive, avoit obtenu deux bons Bé-
néfices par son crédit. L'Evêque
ajoûta foi à tout ; car je lui dois
la justice, qu'il étoit un homme
vraiment respectable. Fatigué de
toutes ces iniquités, je renonçai au
Séminaire, & revins à Paris.

J'avois plus de mille écus en argent comptant, avec environ pour
quinze cens livres de billets sur des
Marchands de ma Province. Après
avoir passé trois ou quatre mois à
me réjouir, inquiet de ne rien faire, je formai une résolution sérieu-
se de vaquer à quelque occupa-
tion honnête, & de prendre un
parti. La veuve d'un Brigadier des
Gardes du Corps, avec qui j'avois
fait connoissance, me fournit bientôt matiere à me donner de l'exercice. C'étoit une femme de qua-
rante-cinq à cinquante ans, qui ne
devoit pas regreter sa jeunesse, à
cela près, qu'elle avoit trouvé le
moyen

moyen de confumer fon petit fait,
& ne vivoit prefque plus que d'intrigue. Elle ne m'entretenoit que
d'affaires, de procès, d'ufurpation
de biens confidérables qu'elle auroit déja fait reftituer fans le défaut
de facultés & la débilité de fon
âge. Elle fçavoit que j'avois de
l'argent ; l'expérience qu'elle avoit
lui faifoit aifément connoître dans
mes yeux pleins de feu (j'entrois
alors dans ma vingt - uniéme an-
née) que les armes les plus effica-
ces pour m'attaquer étoient celles
de l'amour. Sçachant d'ailleurs une
partie de mes affaires, la préfomp-
tion qu'elle avoit , que probable-
ment je ne penferois plus à l'état
Eccléfiaftique , fut le dernier motif qui la détermina. Elle commença par m'appeller de tems en tems
fon gendre , me dire qu'il falloit
quitter le petit collet ; & enfin me
déclara bien férieufement qu'elle
avoit réfolu de me donner fa fille ,

F

s'excufant toutefois avec une ingé-
nieufe diffimulation , qu'elle n'a-
voit pas autant de mérite ni de
bien que je pouvois en prétendre ;
mais qu'elle efperoit que je ferois
bien dédommagé par fa douceur
& fon bon caractére : que d'ailleurs elle avoit de bons amis , par
le crédit defquels elle comptoit
me mettre bientôt en état de faire
valoir les heureux talens que j'a-
vois reçûs de la nature. Sa fille n'é-
toit ni belle , ni laide ; & quoique
j'aye fait quelques petits efforts fur
mon imagination en fa faveur , je
n'ai jamais pû paffer le terme d'in-
différence. Mon cœur n'étoit pas
encore dans fon centre. La rufée
Matrone me donna donc commu-
nication de fes paperaffes , qu'elle
avoit grand foin de feuilleter toutes les fois que j'allois la voir. Je
les lus , & vis effectivement que
tous ces biens lui avoient apparte-
nu ; mais malheureufement elle

les avoit vendus à huit cens livres
près, qu'elle reçut en paſſant Contrat du dernier héritage dont elle
jouiſſoit actuellement, lequel fut
acquis à mon inſçu par un Créan-
cier hypotéquaire, & les huit cens
livres employées à ſe donner du
menu, pendant que je battois la
calabre de tous côtés, pour faire
rendre juſtice à Madame, dont j'a-
vois rétabli la réputation en partie par la candeur & la droiture de
cœur que l'on me connoiſſoit, &
qui étoit certifiée par gens irrépro-
chables, de qui j'avois l'honneur
d'être connu. Quand elle vit que
j'avois ſi bien donné dans le pan-
neau, elle me fit entendre, en
m'appellant ſon fils, que je ſerois
mieux de prendre une chambre à
côté d'elle ; que nous ferions ordinaire enſemble, & qu'il m'en
couteroit bien moins pour la dépenſe, ce que j'acceptai. Pour concluſion, aprés avoir ſué ſang & eau

pendant dix - huit mois , tant en nourriture , logement , Confulta- tions d'Avocats , frais de Procu- reurs , levée confidérable de pa- piers inutiles , qu'argent prêté , je diffipai mon argent , mes billets , & fus obligé de vendre le Contrat de rente que j'avois fur mon frere pour payer mes emprunts ; en un mot je fricaffai tout. Pour récom- penfe , quand la méche fut décou- verte , il n'y a fottifes & abomina- tions que cette mégere ne vomit contre moi , & en préfence de plu- fieurs canailles , qui demeuroient dans la maifon où elle m'avoit attiré , jufqu'à dire que j'étois un fripon , un gueux , qu'elle avoit nourri & entretenu ; que fa facilité lui avoit fait ajoûter foi à mes belles promeffes ; enfin que je l'avois ruinée. Je quittai ce lieu in- fernal , bien mortifié de me voir ainfi la dupe & fans le fol. Il me reftoit cependant un billet de fix

cens livres fur un Marchand, auquel fa femme étoit obligée, que
l'on m'avoit déja affuré être un
peu cafuel : je l'envoyai à un de
mes amis, qui fit fi bien, qu'il trouva moyen de me faire toucher cette fomme à quelque petite perte.
Cette reffource me confola, & fuf-
pendit la réfolution que j'avois prife de donner toutes les femmes au
diable, & de me faire Moine. La
perte que j'avois effuyée me fit faire des réflexions, & ne voulant
pas dépenfer mon argent fi vîte,
je cherchai à m'occuper. Quelques
connoiffances que j'avois dans l'U-
niverfité, me procurerent des Ecoliers, & je me mis à faire des ré-
pétitions, afin de ménager mon petit fonds. J'enfeignai le fils de l'Officier d'un grand Prince, dont les
parens étoient de fort honnêtes
gens, lequel fit beaucoup de progrès en peu de tems. D'autres Of-
ficiers, jaloux de la réputation de

mon petit bon homme , & crai-
gnant qu'elle ne lui méritât les faveurs du Prince , préférablement
à leurs enfans, conseillerent à la
mere de ne pas tant laisser travailler son fils , qui étoit très-délicat ,
ce qui altéroit sa santé , & pourroit bien lui causer la mort. La
prudente Dame , qui ne vouloit
pas perdre un fils unique, y mit
bon ordre , & opéra si bien , que
l'enfant ne faisoit plus rien du tout.
J'en parlai au pere : je m'en plai-
gnis à elle-même , qui m'avoit promis la plus belle fortune du monde par son crédit ; mais comme elle avoit pris son parti , & qu'elle
étoit Souveraine dans la maison ,
il n'y eut pas moyen d'avoir com-
position. Je me retirai , & en fus
quitte pour mes peines , & de l'en-
cens de Cour.

Quelque tems après , on me rap-
porta que ma Veuve demandoit
l'aumône : j'allai la voir , & lui fis

quelques petits plaisirs. Elle me demanda pardon, à quoi je répondis
qu'il étoit un peu tard. Le sort de
sa fille me toucha sur-tout par la
considération qu'elle avoit été
presque ma maîtresse ; c'est pourquoi je me donnai tant de soins,
que j'obtins de lui faire avoir une
dot par des personnes charitables,
& de la placer au Couvent.

Le tems approche, Madame,
d'entrer en lice sous l'étendart de
l'Amour, & d'exposer à vos yeux
la matiere qui m'a fait donner le
beau nom de Cocq, que j'ai porté
si long-tems, vous laissant à juger
si je l'ai mérité.

Me trouvant un jour en compagnie, on me proposa d'être de so-
ciété à une Loterie, qui devoit se
tirer incessamment. Cette invita-
tion me fut de bon augure ; & comme j'avois de l'argent, je ne fis pas
difficulté de mettre soixante livres
pour ma part. Nous étions trois

Affociés : le gros lot, qui étoit de quarante mille livres, tomba dans nos billets, dont il me revint par conféquent un tiers. Bien content de cette petite fortune, qui me venoit fort à propos, je remerciai le Ciel, qui ne laiffe jamais un bon cœur fans récompenfe. Après avoir donné quelque chofe aux pauvres, j'allai trouver un Religieux de ma connoiffance, que je priai de faire accepter par fon Couvent une fomme, dont je défirois me faire une rente viagere. Il en parla au Supérieur & à fa Communauté, qui y confentirent. Ainfi j'abandonnai mon argent à la bonne-foi de ces Peres, qui m'écrivirent fur un Regiftre pour la fomme de neuf cens livres de rente ma vie durant. Je quittai ma chambre garnie, & me fis meubler un petit appartement affez propre, & proportionné à la fituation de mes affaires. Me voyant un honnête néceffaire

ceſſaire aſſuré , ſans ce que je pouvois tirer de mes écoliers , je crus
tout de bon que je pouvois ſonger
à faire une conquête digne de mes
ſentimens ; & pour appaiſer les
ſcrupules que me préſentoit ma
conſcience , je dis à mon cœur que
je ne prétendois rien que de légitime. Me voilà donc amoureux au-
delà de l'imagination ; je me diſois
ſans ceſſe à moi-même , où eſt Angélique ? où eſt Madame la Sous-
Prieure ? où eſt Mademoiſelle de
Chévry ? . . .

Un beau matin étant encore au
lit , j'entends dès ſix heures frap-
per à ma porte que j'ouvris à l'inſtant : c'étoit l'équitable femme
dont j'ai eu l'honneur de vous parler , qui venoit me dire qu'on lui
avoit indiqué une charitable veuve
dans la ruë des Maçons, nommée
Madame de Bellevaux , qui ſaiſoit
beaucoup de bien ; que n'ayant
perſonne à qui elle pût s'adreſſer

pour avoir un certificat de ses bonnes vie & mœurs , elle me supplioit
très-humblement de lui procurer
un honnête homme de qui elle pût
se réclamer auprès de cette vertueuse Dame , afin d'obtenir quelque secours dans l'extrémité où elle se
trouvoit réduite , n'ayant pas man-
gé de pain depuis deux jours. Malgré la façon indigne dont elle en
avoit usé à mon égard , sans lui
rien dire du petit bénéfice qui m'é-
toit survenu , je me levai , & m'en
allai en Sorbonne trouver un vé-
nérable Docteur aussi recomman-
dable par son érudition , que par
sa sainteté, lequel m'honoroit d'une
estime particuliere. Justement il
connoissoit cette Dame , & après
un exposé succinct que je lui fis , il
n'hésita point d'écrire sur le champ
une Lettre dont il me commanda
d'être le porteur. La rue des Maçons est proche de cette maison ;
c'est pourquoi j'allai de ce pas chez

elle. M'étant annoncé de la part du Docteur, on me fit entrer, je trouvai Madame au lit. Ayant eu ordre de m'asseoir, elle me lut ma Lettre, après quoi elle me fit apporter une petite cassette qui étoit sur une commode dont elle tira deux Louis qu'elle me donna, en disant : Je n'ai pas coutume de tant donner à la fois ; mais comme vous me paroissez un bon chrétien & rempli de zéle, je fais à votre considération plus qu'à mon ordinaire. Après l'avoir remerciée respectueusement de sa politesse, elle me demanda d'où j'étois, & me fit quelques autres petites questions. Me témoignant ensuite qu'elle avoit un grand mal de tête qui l'avoit empêchée toute la nuit de dormir, je la suppliai de me donner la permission de mettre ma main sur son front. Vous l'avez extrêmement fraîche, me dit-elle, & cela me soulage. Je souhaiterois, Madame, lui répondis-je , que cette petite opération pût vous rétablir entiérement ; mais si j'osois prendre la liberté je vous donnerois un conseil bien plus efficace , qui seroit de vous remarier. Une jeune & belle personne comme vous ne peut naturellement jouir d'une santé parfaite , par l'ennui que doit lui causer la solitude. Je ne suis pas si jeune que vous pensez , reprit-elle ; sçavez-vous que j'ai trente-deux ans ? Je lui déclarai que j'en étois surpris , & que je lui en aurois retranché au moins un bon tiers. Effectivement elle étoit fraîche , belle au possible , & avoit un air à ne lui pas donner plus de vingt ans. Le mal de tête avoit répandu sur son visage un coloris qui la rendoit charmante. Pendant notre conversation elle étoit sur son séant , & laissoit voir de tems en tems sans y penser une gorge d'albâtre que je dévorois des yeux. Elle s'en apper-

çut. . . Sur ces entrefaites entra un
carrofſe , & dans l'inſtant ſon laquais vint l'avertir qu'une Dame
demandoit à lui parler. Je me levai,
& en la ſaluant elle me pria tout
bas de revenir la voir. En ſortant
de ſon Appartement je rencontrai
la Dame qui montoit chez elle ,
laquelle en tirant ſon mouchoir ,
laiſſa tomber une Lettre que je ra-
maſſai ſans qu'elle s'en apperçût.
Ayant balancé un moment ſi je devois la lui rendre , ma curioſité me
porta à la garder ; je la mis donc
dans ma poche, & m'en allai promptement chez mon Docteur, entre les
mains duquel je dépoſai les deux
Louis à bon deſſein (car il faut
toujours ſe méfier des méchans.)
Je courus de là chez notre affligée , à qui j'annonçai qu'elle
pouvoit à l'heure même aller en
Sorbonne recevoir deux Louis, que
Madame de Bellevaux avoit fait
remettre au Docteur pour elle. Je

G iij

repris tout de suite le chemin de
mon logis, où étant arrivé, je dé-
velopai la Lettre que j'avois ra-
massée, où je lus ces mots :

*Toutes les batteries font dreſſées ;
on n'attend plus que la premiere ſortie de l'Ambaſſadeur qui a eu une
légére indiſpoſition. On compte que
dans quatre jours le Miniſtre ſera à
la Baſtille. J'ai vû ce matin Frere
Pierre, qui m'a dit que la Comteſſe
étoit de meilleure humeur que jamais;
elle ne s'attend pas à ce coup qui lui
donnera bien du rabat-joie, & le bon
Frere n'aura bientôt plus occaſion de
porter les billets doux. Je ne me mêle
point de tout cela ; c'eſt au Roi à
examiner ſi les accuſations ſont juſtes:
pour moi je penſe que ce ſont toutes
pures calomnies. Le Lord ** ne dort
ni jour ni nuit que cette affaire ne
ſoit conſommée. On a promis un Régiment au Chevalier M **. que lui
fera donner le ſucceſſeur. C'eſt la Pré-*

fidente ** qui m'annonça cette nouvelle hier au foir. J'irai vous voir à
cinq heures ; adieu.

La Marquife D * * *.

A peine eus-je fait la lecture de
cette Lettre que je me jettai fur
mon lit , & m'entretins dans de
profondes réfléxions. Je jugeois
bien qu'il y avoit une confpiration
formée contre un des Miniftres ;
mais je ne fçavois pas fon nom ni
celui de la Comteffe qui paroiffoit
être fa maîtreffe. Tout cela me tenoit fort à cœur , par la confidération que fi je pouvois découvrir le
myftére , je ne manquerois pas d'en
tirer de grands avantages ; mais il
étoit dangereux de faire un *quiproquo*. Le nom du Préfident qui étoit
marqué me fixa , auffi bien que celui de Frere Pierre. Je réfolus donc
après avoir bien rêvé , de faire un
coup de ma tête. M'étant levé pré-

G iiij

cipitament, je m'en allai parcourir tous les Couvens pour demander Frere Pierre, préfumant qu'il pourroit me donner à connoître le nom du Miniftre. J'en découvris deux de ce nom qui pour lors étoient abfens. Après avoir attendu quelque tems au dernier Couvent que l'on m'avoit indiqué, celui que j'attendois arriva. L'ayant abordé, & m'étant réclamé d'un Pere de la maifon dont j'avois entendu parler, je lui demandai d'abord s'il ne connoiffoit pas la Comteffe D **. Oui, dit-il, c'eft ma bonne amie : il n'en falloit pas davantage. Je le priai donc auffi-tôt de vouloir bien accepter un déjeûné le lendemain matin dans ma chambre, lui préfentant en même tems mon adreffe. Il fit d'abord quelque difficulté, parce qu'il ne me connoiffoit pas; enfin à force de prieres & de follicitations, d'autant qu'il s'agiffoit de me rendre un fervice important,

il me promit de venir à huit heures, & me tint parole. Le Frere
étant arrivé, comme j'avois eu foin
de faire provifion de bon vin, nous
nous mîmes à table, & j'appris de
lui tout ce que je pouvois défirer
pour avoir une connoiffance exacte
& affurée de ce que je voulois fçavoir. Il me déclara le nom du Miniftre dont il fe flattoit d'avoir la
protection ; qu'il étoit le porteur de
fes Lettres à la Comteffe, & de
celles de la Comteffe à Sa Grandeur ; enfin il me quitta en me faifant mille offres de fervices dont
je le remerciai, lui promettant d'en
faire bon ufage dans peu.

Le Frere parti je m'en allai
promptement à la Friperie, chercher un habit de Capucin, avec les
fandales & une barbe poftiche, que
je recommandai qu'on m'apportât
fans faute à trois heures au plus
tard. Etant rentré chez moi, j'écrivis cette Lettre au Préfident.

Je viens d'apprendre , Monſieur ; qu'on parle dans le monde de la diſgrace du Miniſtre ; je ne ſçai ce que tout cela veut dire. Je vous envoye exprès ce bon Frere pour vous en donner avis , afin que vous preniez vos meſures : ſur-tout que je ne ſois compriſe en rien dans cette affaire ; marquez-moi ſur le champ ce que vous en penſez. J'attens votre réponſe avec une extrême impatience.

La Marquiſe D * * *.

Auſſi-tôt qu'on m'eut apporté mon habit de Capucin , je l'endoſſai bien vîte & m'en allai chez le Préſident , où je me fis annoncer de la part de la Marquiſe dont j'avois contrefait l'écriture à merveille. Il ſortoit de table : il prit ma Lettre qu'il lut , & enſuite me donna cette réponſe.

Vous me ſurprenez extrêmement ,

Madame , & je ne puis concevoir qu'un secret aussi important & aussi concerté ait pû transpirer ; au reste je m'en lave les mains. Le Ministre est plus malheureux que coupable ; il a des ennemis implacables. J'aurois souhaité parer ce coup fatal à son innocence ; mais comment faire ? on veut le perdre , & je ne pourrois sans péril lui faire offre de mes services. On a présenté les Mémoires au Roi , & Sa Majesté n'attend plus que la confirmation de l'Ambassadeur , qui sûrement ne lui sera pas favorable , pour donner ses ordres. Je compte vous aller voir aujourd'hui si vous ne sortez pas.

Le Président D***.

Je n'eus pas plutôt fait lecture de cette Lettre, que sur le champ je pris la poste pour me rendre à Versailles, où j'arrivai sur les huit heures du soir. J'attendis le Ministre au passage lorsqu'il sortoit de son

appartement pour aller chez le Roi.
Je me préſentai devant lui un pla-
cet à la main en lui diſant : Mon-
ſeigneur, à moins que Votre Grandeur n'ait la bonté de lire préſen-
tement ce Mémoire qui eſt fort
court, permettez-moi de le repren-
dre pour une autre occaſion. J'en
ai tant donné ſans avoir de réponſe, que je doute qu'ils ſoient par-
venus juſqu'à vous. J'eus en même
tems aſſez de hardieſſe pour lui
faire un clin d'œil. Il prit mon Pla-
cet qui étoit conçu en ces termes.

Monseigneur,

*Le Suppliant qui a l'honneur de pa-
roître devant vous, déſire avec em-
preſſement communiquer à V. G. des
choſes de la derniere importance. Lecture faite, ayez la bonté de me ren-
voyer au Sieur Latrouſſe votre valet
de chambre, à qui vous donnerez or-*

dre dans l'instant de m'introduire en votre présence , pour vous déveloper un secret qui vous intéresse essentiellement.

Le Ministre répondit de la maniere que je le demandois , & un moment après comme je m'adressai au valet de chambre , il me dit d'entrer , que son maître vouloit me parler. Je lui remis la Lettre du Président & de la Marquise , en lui racontant en peu de mots comment toutes choses s'étoient passées, & la diligence que j'avois apportée pour l'exécution de ce dessein ; après quoi il me quitta en m'ordonnant de l'attendre. Il communiqua les Lettres au Roi , & exposa à S. M. les piéges qu'on vouloit lui tendre en surprenant sa Religion. Le Roi répondit (comme je l'ai sçu par la bouche de ce Ministre) qu'effectivement on avoit dit beaucoup de mal de lui ; mais qu'il voyoit bien qu'on l'avoit trompé , & qu'il y mettroit bon ordre ; il l'aſſura en même tems que de ſon côté il pouvoit être tranquille ſur cet article. Je ne tardai pas à revoir le Miniſtre, qui en m'abordant avec un air de bonté, me préſenta une bourſe de cinq cens Louis avec une bague qu'il tira de ſon doigt en diſant : Recevez , Monſieur , ce petit préſent , en attendant que je vous donne de plus grandes marques de ma reconnoiſſance ; venez-moi voir. Je fis une profonde révérence , & m'en allai comblé de joie d'avoir ſi bien réuſſi ; je couchai à Verſailles chez un ami du valet de chambre à qui je donnai à ſouper, & le lendemain je partis dès le matin pour m'en retourner à Paris.

Lorſque je me félicitois à diſcrétion ſur ma bonne fortune, l'amour ne manquoit pas de me repréſenter ſes droits , & de me faire de terribles violences: Madame de

Bellevaux me vint d'abord dans
l'esprit ; & je me flattois d'avance
que les circonstances où je me trouvois , joint au bon accueil qu'elle
m'avoit fait, m'assuroient infaillible-
ment la conquête de cette belle.
Malgré ces ferventes dispositions
où j'étois à son égard , il me restoit
un scrupule ; & je ne pouvois me
résoudre à quelque prix que ce fût
d'accorder mes premieres faveurs
à une femme : en un mot pour mon
pucelage il m'en falloit absolument
un autre.

Occupé de ces réfléxions je me
rapellai que j'avois vû dans un
Caffé nouvellement établi où j'allois quelquefois , une jeune beauté
qui avoit fixé mes regards par ses
charmes , & par les graces que j'a-
vois remarquées dans toutes ses actions. Le maître & la maîtresse du
Caffé étoient de bonnes gens , d'un
âge déja avancé. La petite Demoiselle qui siégeoit au comptoir ,

recevoit l'argent & donnoit les
ordres avec une délicateſſe admirable , faiſoit tout l'ornement de
la boutique. Je jettai donc les yeux
ſur elle , jugeant que cet air de mo-
deſtie, qui lui étoit ſi naturel, pouvoit bien aſſurer la poſſeſſion d'une
choſe que je regardois comme le
plus grand tréſor du monde ; c'eſt
pourquoi je me promis très-ſérieu-
ſement de ne point retourner chez
Madame de Bellevaux , qu'auparavant je n'euſſe enlevé cette toiſon
d'or. Comme j'avois obſervé qu'elle parloit avec une noble facilité ,
je conclus qu'elle avoit beaucoup
d'eſprit , & c'étoit juſtement mon
compte. En fait de galanterie , mes
ſentimens qui étoient fondés ſur
une intégrité parfaite , ſe dévelo-
poient avec une onction qui formoit dans le moment une ſimpatie la plus harmonieuſe ; ce qui m'a
été reproché avec tendreſſe en plus
d'une occaſion. Outre cela j'avois
une

une pénétration promte & naturelle, qui me faifoit difcerner avec fuc-
cès le caractere des perfonnes , en
quoi je ne me trompois prefque
jamais. Cela me donnoit une heureufe facilité de proportionner mes
difcours aux différentes humeurs, &
de trouver efficacement ce qu'on ap-
pelle le foible du fexe. Mademoifelle
Rofe , c'eft le nom qu'elle portoit
alors , avoit une vivacité qui dans
toute autre auroit paffé pour étour-
derie , mais qu'elle fçavoit corriger
avec une modefte fagacité qui tenoit du prodige. Elle étoit fort petite , mais parfaite dans fa taille ,
avec des graces infinies dans toutes fes manieres ; une gorge naif-
fante (quoiqu'elle eût alors dix-huit
ans ,) & la peau d'un blanc à
éblouir ; délicate & forte en même
tems au-delà de l'ordinaire de fon
fexe ; le vifage rond , les yeux bleus
& bien fendus , de belles dents , la
bouche petite & vermeille , & les

H

plus charmantes couleurs. Elle étoit
d'un brun clair , & compoſoit enfin une beauté accomplie , à cela
près qu'elle n'avoit pas les traits
parfaitement réguliers. A l'âge de
douze ans elle eut un épanchement
de bile , à ce qu'elle m'a dit depuis, qui l'avoit empêchée de grandir davantage , ſoit par la force de
la maladie , ſoit par la violence &
la quantité des remédes qu'elle avoit
pris.

Etant donc bien réſolu d'attaquer cette place & de m'en rendre
le maître , je me rendis dès le lendemain matin au Caffé ; m'étant
enſuite approché du comptoir pour
payer ma petite dépenſe, je lui préſentai un gros écu en lui diſant : Mademoiſelle, obſervez, s'il vous plaît ,
que je ne veux que de la monnoye
& toute la plus mauvaiſe que vous
ayez ; parce que celle qui ne ſera
pas bonne , je vous la rendrai , afin
d'avoir plus de tems pour contem-

pler vos charmes de près, qui me
forcent de vous dire aujourd'hui
que je vous aime. Elle sans façon
prit un petit sac de mitraille qui
étoit au rebut, & le renversant sur
le comptoir me dit : Monsieur,
voilà la monnoye de votre piéce ;
choisissez maintenant ce qui vous
convient... Le choix est déja fait,
répondis-je, adorable Rose ; mais
de grace comptez vous-même, je
n'en ai pas le loisir. Tandis que je
cherche vos beaux yeux, mon ame
est si troublée par l'excès de l'amour,
& par la crainte que j'ai d'en rencontrer d'autres qui vous observent
avec une rigoureuse attention, que
je suis incapable de faire autre chose. J'espere de votre bonté que vous
m'accorderez la grace de me vanger, & de compter à mon tour pour
l'amour de vous avec une entiere
liberté, combien de fois vous avez
imprimé dans mon cœur les carac-
téres d'une flamme la plus pure &

H ij

la plus sincere. Je loue votre prudence, Monsieur, repliqua Rose,
car je n'aime point les mauvaises
affaires ; mais si vous désirez si fort
de me faire ce compte que vous
vantez tant, je vais demain à huit
heures auprès de l'Arsenal, chez une
Dame où j'ai coutume de passer
deux jours la semaine. Au moins
assurez-vous d'avance que vous en
rabattrez plus de la moitié ; elle
rougit en finissant ces mots… Je
sortis, & étant allé voir un de mes
amis à qui je donnai à dîné, je le
menai ensuite au Caffé, où nous
passames le reste de la journée à
jouer aux dames sur une table vis-
à-vis de la charmante Rose, sur
qui je ne cessois de jetter les yeux
à chaque occasion favorable. Elle
de son côté y répondit avec cette
modeste délicatesse qui lui étoit si
naturelle ; ce qui me fut un doux
présage de cette heureuse victoire
qui faisoit le capital de mes plus
ardens désirs.

Le lendemain j'étois à six heures dans une allée voisine. Elle
sortit à l'heure indiquée, elle m'ap-
perçut en passant ; & continuant
sa route, je la suivis jusqu'à une dis-
tance où je jugeai que nous pouvions être hors de la portée de toute connoissance : je la joignis aussi-
tôt & lui donnai le bras. A quelques pas nous rencontrames un
carosse qui nous mena au jardin de
l'Arsenal. Lorsque nous fumes dans
l'allée qui donne sur le bord de la
riviere , elle prit la parole en ces
termes : Si vous cherchez , Monsieur , quelque bonne fortune , il
est inutile de vous dire que vous
êtes dans l'erreur; si vous vous en te-
nez simplement au terme de galanterie , je ne suis point votre fait :
si vous aspirez à la possession d'un
cœur noble & sincere d'une fille
sage, vertueuse & raisonnable , avec
le sceau de l'hymen , vous pour-
riez me calculer votre compte.

Quant à l'extérieur il vous a plû, cela suffit ; cependant j'apperçois d'autres difficultés : vous demandez peut-être de la naissance , je ne suis pas assurée de la mienne. On m'a dit que mon pere est de grand nom , mais je ne le connois pas ; je sçais seulement que ma mere est fille de condition. Il y a six ans qu'elle me quitta pour aller en Province , où elle est restée sans m'avoir donné depuis ce tems aucune de ses nouvelles. Ces bonnes gens chez qui vous m'avez vûe sont de notre Province , le mari ayant été autrefois domestique de mon grandpere ; c'est à cette considération qu'ils me nourrissent & prennent soin de moi par charité. Cette Dame chez qui je vais aller estla veuve d'un Maître-d'Hôtel, qui depuis la mort de son mari s'est fait une rente viagere dont elle tire sa subsistance. Elle engagea ma mere avant son départ de me donner la

permiſſion d'aller la voir deux fois
la ſemaine ; j'y paſſe ordinairement
la journée, & le ſoir ſa fille me re-
conduit juſqu'à la maiſon. Comme
elle a quelques obligations à ma famille , c'eſt par reconnoiſſance
qu'elle a pour moi ces attentions ;
voilà toutes mes connoiſſances. Au
reſte ne ſoyez plus ſurpris ſi je vous
marque tant de confiance , vous ne
m'êtes pas tout - à - fait inconnu.
Vous avez demeuré au Collége de
Liſieux ; dans ce tems j'allois ordinairement entendre l'office à Sainte
Geneviéve, où je vous voyois ſouvent. Je rougis de ma ſincerité ;
mais ſi j'ai ſçu depuis quelques jours
fixer vos regards , vous arrêtates
plus d'une fois les miens. En un
mot puiſqu'il faut vous tout dire ,
je ne ſçais quelle ſimpatie me força
de m'informer adroitement de votre
demeure & de votre nom. Parlez
maintenant ; avois-je raiſon de dire
hier que vous en rabattriez plus de

la moitié ? Dites plûtôt, adorable Rose, répondis-je à l'inftant, que le compte eft augmenté loin d'y avoir la moindre diminution. Prenez garde vous-même de rien rabattre de tout ce que vous venez de me dire, & confirmons en ce moment l'aveu fincere que nous nous fommes fait mutuellement. Renouvellant enfuite avec toute l'éloquence que me dictoit l'amour, les proteftations les plus vives des fentimens de mon cœur, après une demie heure de promenade & de converfation, j'obtins que fous quelque prétexte, elle demanderoit congé à fa Dame immédiatement après le dîné, & qu'elle viendroit à trois heures me rejoindre au même endroit. Je repris mon Fiacre qui me conduifit au Fauxbourg de S. Antoine où je le régalai bien ; il me ramena à l'heure marquée au rendez-vous, où étoit déja la belle Rose, qui m'attendoit fur un

banc

banc à l'entrée du jardin. Je la fis
monter dans le caroffe , quoique
avec quelque difficulté , & nous
allames tout de fuite chez moi.
L'occafion étoit trop belle. Hélas !
je jouis de fon aimable compagnie
le refte du jour , qui fut pour moi
le plus heureux de tous les jours...
Le foir avant de la reconduire je
lui fis préfent de la bague que m'a-
voit donné le Miniftre , avec une
bourfe de cent Louis ; & en nous
quittant elle me donna parole dans
quatre jours , ce qui fut continué
régulierement deux fois la femaine
à fon retour de l'Arfenal.

Je me félicitois à bon droit de
mon bonheur & de la poffeffion
affurée d'un bien que j'eftimois le
plus précieux qu'il y eût au monde ; mais malgré cette affurance qui
faifoit le fujet de mes plus douces
réfléxions , les termes me paroif-
foient trop longs , & j'aurois voulu
avoir continuellement à mes côtés

I

mon incomparable Rofe: mes tranf-
ports redoublérent au point que je
m'imaginois qu'il n'y avoit pas affez
de femmes à Paris pour moi.

Deux jours après un laquais vint
m'avertir de la part de Madame de
Bellevaux qu'elle fouhaitoit me
voir. Je pars fur le champ pour me
rendre chez elle ; à peine étois-je
entré qu'elle me dit : Je demandai
il y a quelques jours votre adreffe
à Monfieur le Docteur , qui parut
héfiter avant de me la donner , ce
qui me rendit toute confufe. Cependant j'alléguois avec verité pour
raifon que je crois vous avoir vû
en Province il y a déja long-tems.
Je ne fçai toutefois fi je me trom-
pe ; mais vos maniéres me dénotent quelque chofe qui a beaucoup
de rapport à un jeune Monfieur de
mon ancienne connoiffance. N'a-
vez-vous pas fait vos études à la
Ville de ... Oui , Madame, il y a
huit ans. Vous fçavez fans doute

où eſt l'Abbaye de… je le ſçais
très-bien , Madame.… Y aviez-
vous quelque connoiſſance ? je con-
noiſſois toute la maiſon… Puis me
regardant avec attention, vous avez
donc connu la Sœur S. Benoît ?
oui , Madame ; elle quitta le Couvent à l'occaſion d'une maladie
lorſqu'elle étoit ſur le point de prononcer ſes vœux… & Madame
Ste Thereſe qui étoit alors Sous-
Prieure… C'eſt une Dame pour
laquelle j'aurai toute ma vie un
reſpect & une vénération la plus
parfaite… Elle tomba évanouie ,
répétant deux ou trois fois d'un ton
langoureux , c'eſt lui-même… je
la pris entre mes bras & l'ayant
miſe ſur ſon lit , elle me ſerra la
main pour m'arrêter,lorſque je me
diſpoſois à aller chercher quelque
liqueur pour la faire revenir , & dit
en ſoupirant : La Sous-Prieure qui
vous donna autrefois la moitié de
ſon lit pendant ſix jours , eſt au-

I ij

jourd'hui Madame de Bellevaux...
Sans donner la moindre réfléxion
au mouvement qui me transporta
dans ce moment , je me jettai à
son cou ; nous nous embraſſames,
& me trouvant inſenſiblement avec
elle, nous reſtames ainſi trois quarts
d'heure ſans parler que par ſoupirs ,
gémiſſemens plaintifs & ſouvent
réiterés... Revenus de cet extaſe ,
au milieu des proteſtations de joie ,
de tendreſſe & autres aſſaiſonne-
ment convenables à de telles circonſtances , elle interrompit , & me
raconta ſon hiſtoire en ces termes.

Hiſtoire de Madame de Bellevaux.

Vous me demandez ſans doute
le ſujet d'une métamorphoſe auſſi
étonnante ; ſur quoi je vais vous ſa-
tisfaire en peu de mots. Je ſuis fille
d'un Gentilhomme de Franche-
Comté, qui, à l'exemple de ſon pere,
exerçoit à Beſançon la profeſſion

d'Avocat. Etant maître de son bien
& libre de sa personne , il devint
amoureux d'une jeune Demoiselle
de sa connoissance, fille d'un Pro-
cureur qu'il épousa malgré sa famille , & dont il n'a jamais eu plus
de mille écus. Son patrimoine consistoit alors dans une terre d'environ soixante mille livres. Il ne resta
que cinq ans avec cette belle , qui
lui laissa une fille en mourant. Dans
ce tems il avoit au Couvent une
cousine germaine âgée de quatorze
ans , qui par la mort d'un frere unique devenoit héritiere de plus de
douze mille livres de rente. Ses parens & ses amis se joignirent ensemble pour faire ce mariage ,
qui fut célébré six mois après son
veuvage ; & c'est de cette alliance
que j'ai reçu le jour. Mon pere prit
dès-lors le nom de ma mere qui
s'appelloit Mademoiselle de Bellevaux , d'une terre qu'elle avoit. Je
la perdis à l'age de quinze ans , &

ma sœur du premier lit en avoit
dix-neuf. Elle étoit éperduement
amoureuse d'un jeune Officier Capitaine au Régiment de Champagne qui lui faisoit la cour , & à qui
sa famille vouloit me donner, comme devant être un parti bien plus
avantageux que ma sœur, qui con-
cevant une haine & une jalousie
mortelle contre moi , résolut d'exécuter par l'artifice ce que la nature
lui avoit refusé. Elle avoit une
parente hors d'âge d'avoir des enfans, qu'elle mit si bien dans les in-
térêts de mon pere , qu'en moins
de cinq mois elle parvint par ses
intrigues & ses menées à la lui donner pour compagne;au grand étonnement de toute la Ville. Après
cette troisiéme alliance, la belle-
mere & la sœur mirent tout en
œuvre pour me rendre odieuse aux
yeux de mon pere , qui naturellement étoit rempli de tendresse pour
moi. Pour le mieux tromper, on

fuppofa des Lettres de galanterie ;
& même de plufieurs perfonnes, qui
tendoient à me faire regarder comme une perfonne qui avoit déja
confommé de différentes manieres
l'œuvre de la plus noire & de la
plus honteufe infamie, (tu peux
juger, mon cher fils, fi j'étois innocente.) Il n'en fallut pas davantage pour me déterminer à me mettre dans un Couvent : mon pere en
époufant ma mere étoit déja fon
plus proche & unique héritier ; en
cela ma fœur y trouvoit fon compte, en réuniffant fur fa tête les biens
de toute la maifon. J'eus beau faire ;
plaintes, repréfentations, gémiffemens, larmes, tout fut inutile.
Me voyant ainfi accablée fous le
poids d'une auffi cruelle tyrannie,
j'allai voir un Avocat ami de mon
pere parfaitement honnête homme,
qui me confeilla d'aller au Couvent;
mais avant de partir de faire pro-
teftation chez un Notaire de la

I iiij

violence qu'on me faifoit, ne me
fentant aucune vocation pour l'état
que j'embraffois, afin de m'en fervir au befoin pour me faire rele-
ver de mes vœux. Il figna lui-même l'Acte, avec plufieurs autres perfonnes refpectables & dignes de
foi. Ma fœur en me témoignant le
regret qu'elle avoit d'être féparée
de moi, répandit plufieurs fois des
larmes que je crus fi peu diffimu-
lées, que je ne pûs m'empêcher
d'y répondre avec des fentimens
d'une tendreffe cordiale & fincere ;
vû qu'à l'occafion du Couvent elle
avoit toujours affecté de prendre
mon parti, & de faire retomber cette réfolution uniquement fur mon
pere, qui, difoit-elle, avoit apparemment des vûës que nous ne
comprenions pas ; qu'elle appré-
hendoit continuellement de fubir
le même fort que moi ; mais qu'elle
feroit toujours plus charmée de me
rejoindre, que de refter dans le

monde où il n'y avoit que fourbe-
rie & duplicité. J'allai donc à l'Abbaye , pourſuivit Madame de Bellevaux en ſouriant , où vous m'a-
vez vûe ; ma ſœur attendoit avec
une impatience extrême que j'euſſe
prononcé mes vœux , pour faire le
mariage qu'elle conclut avec ſon
Cavalier huit jours après. Ma dot
à laquelle on ajouta une penſion
de quatre cens livres , fut très-con-
ſidérable. On fit beaucoup de pré-
ſens à la maiſon , où je trouvai
tant d'agrémens , qu'à la contrainte
près, & au regret de me voir privée
malgré moi de ſi grands avantages , j'oubliai bientôt les charmes
que je m'étois imaginé qu'on pouvoit goûter dans le monde. Ma
douceur naturelle, & la bonté de
mon caractere qui ſe remarquoit
dans toutes mes actions, m'attira les
bonnes graces de l'Abbeſſe , l'eſtime , l'amitié & les ſuffrages des Religieuſes ; ce qui me fit avancer en

si peu de tems, qu'à l'âge de vingt-
quatre ans on me fit Sous-Prieure ;
dignité que j'exerçois à votre arrivée depuis trois mois. Ma sœur
perdit son mari au bout de six ans,
qui ne lui laissa qu'une petite fille
âgée de quatre ans. Elle étoit en
grande relation avec M. de Beaulieu, Major d'un Régiment de Dragons mon parent, qui pour quelque incommodité s'étoit retiré du
service depuis peu. Il avoit de sa
femme, que la mort venoit de lui
enlever, un fils âgé d'onze à douze
ans, & une fille nommée Mademoiselle de Beaulieu, qu'il avoit fait enfermer quelque tems avant que je
partisse pour le Couvent, après
qu'elle fut accouchée de la petite
Angélique, dont vous fûtes le libérateur. Ayant perdu sa mere,
de la bonté de laquelle elle avoit
toujours esperé sa liberté, elle prit
le parti de se sauver, & d'enlever
adroitement sa petite fille qu'on

élevoit chez un Artifan où elle
étoit en penfion, en s'abandonnant
entiérement à la Providence. Ma
fœur qui fans être belle, avoit un
efprit & une intrigue capable de
tout entreprendre, voyoit fréquemment M. de Beaulieu, & trouva le
fecret de fe faire demander en mariage par cet Officier en lui faifant
envifager l'avantage qu'il facilite-
roit à fon fils par la double alliance qu'on en devoit naturellement
attendre avec ma petite niéce.
Quoique M. de Beaulieu n'eût pas
plus de deux mille livres de rente,
elle avoit fes raifons pour recher-
cher cet hymen, parce que ce nouvel époux qui n'étoit mon parent
qu'au quatriéme degré, fe trouvoit
néanmoins mon plus proche héritier après mon pere, par la mort
de mon coufin iffu de germain
dont ma fœur avoit eu grand foin
de lui ôter la connoiffance avant
leur mariage ; ce qui lui avoit été

d'autant plus aifé que ce parent étoit
très-éloigné de notre Ville. Par
ce moyen elle fe voyoit à l'abri
de toutes les chicannes qu'on auroit pû lui faire dans la fuite en
faveur de la ligne mafculine , qui
fuivant quelques anciennes fubfti-
tutions fe trouvoit beaucoup favo-
rifée au préjudice des filles , fur
l'état des biens dont elle avoit déja
la poffeffion par la mort de ma
mere. Ils venoient de confommer
leur mariage, lorfqu'elle m'écrivit
une Lettre fort obligeante pour
m'en donner avis & fe recomman-
der à mes bonnes prieres , ajoutant
fur la fin de fa Lettre, que Mademoifelle de Beaulieu, qui fuivant
les avis que l'on avoit eus s'étoit
retirée dans mon voifinage, devoit
être arrêtée par les ordres de fon
pere, & conduite avec fa petite
fille dans une maifon ; qu'en con-
féquence elle efperoit de cette pieté
& de cette charité qui me faifoit

admirer & refpecter de tout le monde , que je voudrois bien prier Madame l'Abbeffe de concourir avec
eux à cette bonne œuvre , & de re-
tenir ces deux perfonnes en fureté,
afin de parer un fcandale qui faifoit
tort à la Religion & deshonoroit
la famille ; ne doutant pas même
que fi je pouvois les découvrir , je
ne donnaffe les mains à cette exécution , qui m'attireroit infaillible-
ment les bénédictions du Ciel …
Ce fut alors , méchant , que vous
parûtes fur la fcene pour renver-
fer tous nos projets, en fauvant cette pauvre innocente qui m'a tiré
fouvent des larmes de repentir ,
de ce que j'avois eu deffein de faire
contre fa liberté. Je reçus quelque
tems après la vifite de M. de Beaulieu , à qui je confiai votre avanture , lequel s'étant informé de
vous, me dit qu'il vous connoiffoit
pour vous avoir vû dans l'enfance
chez Monfieur votre pere, & que

même vous lui étiez allié.

Deux ans après ayant appris la mort de mon pere, je fis auſſi-tôt ſignifier mes proteſtations à l'Abbeſſe; j'obtins une diſpenſe de Rome, & étant ſortie au grand regret de toute la maiſon , je me rendis au pays pour répéter mes droits. A mon arrivée je trouvai non pas une ſœur , mais une furie d'enfer, qui vomit contre moi toutes les indignités dont peut être capable une méchante femme. Mais M. de Beaulieu qui eſt un très-honnête homme me fit meilleur accueil , & par accommodement je lui ai cedé la terre de feu mon pere, à condition que ſi ma niéce venoit à mourir , elle retourneroit à ſon fils & ſucceſſivement à Mademoiſelle de Beaulieu ſa fille , m'en tenant à la ſucceſſion de ma mere qui me rapporte dix mille livres de rente , ſans compter plus de vingt mille écus d'argent comptant qui me reſtent de quelques héritages difperfés, dont j'ai vendu une partie & réuni l'autre par échange fur un même territoire, afin d'avoir moins d'embarras. Il me refte de plus le Fief de Bellevaux, que j'ai abandonné à l'Oeuvre & Fabrique d'une Eglife moyennant quatre cens livres de rente perpétuelle & non rachetable que je me fuis réfervée , dont je porte le nom , que vous prendrez auffi pour l'amour de moi en partageant la moitié de mes biens. J'ai été cinq ans entiers occupée à toutes ces opérations ; pendant ce tems M. de Beaulieu a perdu fon fils & ma fœur fa fille. Il y a un an que je fuis à Paris où je me fuis retirée, tant pour éviter d'entendre les difcours qu'on tenoit fur mon compte, que par l'efpérance de vous retrouver. On me manda derniérement que Mademoifelle de Beaulieu qui avoit été enfermée de nouveau, s'étant retirée chez une tante, venoit de rentrer chez son pere ; pour la petite Angélique je n'en ai pas eu de nouvelles.

Je remerciai Madame de Belle-vaux dans les termes les plus sensibles & les plus reconnoissans qu'il me fut possible , en lui témoignant que si j'étois bon connoisseur, je jugeois qu'elle devoit plûtôt se nommer Mademoiselle que Madame. Elle me répondit qu'à la verité elle étoit fille , mais qu'elle s'étoit fait passer pour veuve afin d'ôter tout sujet de parler ; ce qui lui étoit fort aisé , à cause du petit nombre de connoissances auquel elle s'étoit bornée. Je payai sur le champ sa générosité de quelques caresses les plus affectueuses que me pouvoit procurer l'amour que j'avois pour cette aimable personne , & la quittai ensuite , avec promesse de la venir voir tous les jours, & de manger avec elle autant que la bienséance pourroit le permettre , en attendant

que

que nous priffions les mefures convenables pour nous marier.

Quelques jours après , étant au
Luxembourg affis fur le gazon , un
livre à la main , une compagnie
de Dames vint fe placer à une petite diftance de l'endroit où j'étois
feul felon ma coutume ordinaire.
Dans cette compagnie étoit une
Demoifelle , qui me regarda avec
une attention , qui me fit penfer ,
ou qu'elle me connoiffoit , ou qu'elle étoit paffionnément amoureufe.
J'étois trop galant pour ne pas répondre à cette courtoifie ; auffi
quand elle s'en alla , je la fuivis
jufques à fon logis , qui n'étoit pas
éloigné de cette Maifon Royale.
Ce jour étoit un Dimanche , que
je devois attendre Rofe ; mais elle
m'avoit mandé , qu'elle ne pourroit me voir que le lendemain ,
jour auquel je paffai le matin devant la porte de ma nouvelle in-
connuë pour marquer les logis. Je

la vis dans une grande boutique
de Marchand Mercier , & après
l'avoir reconnuë trois ou quatre
fois de la même maniere , je pro-
fitai d'un moment qu'elle étoit
feule pour entrer dans fa boutique.
Elle me demanda d'abord ce qu'il
y avoit pour mon fervice ; je lui
dis : Mademoifelle , je n'en fçais
rien : je fçais cependant que j'ai
envie d'acheter quèlque marchan-
dife chez vous ; mais à vous parler franchement , je fuis fort em-
barraffé de vous dire ce que c'eft...
Je vous acheterai vous-même fi
vous voulez. Je ne fuis pas à en-
dre, Monfieur , répondit cette belle... Eh-bien , Mademoifelle, don-
nez-vous , ou du moins donnez-
moi votre cœur, & parole d'honneur, je vous tiens quitte du refte.
J'ai fans doute mérité ce compliment , interrompit la Demoifelle ,
en vous regardant un peu trop in-
confidérement Dimanche dernier

(115)

au Luxembourg ; mais j'espere que
vous excuserez volontiers cette
faute , quand je vous aurai déclaré
que j'ai cru vous connoître , en
quoi je ne me suis pas trompée.
Vous vous souvenez de l'Abbaye
de * * * Vous n'avez pas oublié Madame la Sous - Prieure. . . Vous ne
parlez point , repartis-je , de notre
chere Sœur S. Benoît. Je vous le
laissois, dit-elle , à deviner. . . Quelle fut ma surprise de retrouver Mademoiselle de Chevry ! Je fus frappé comme d'un coup de foudre ,
& j'en sentis dans le moment toutes les conséquences ; mais il n'y
avoit pas à reculer : elle me conta en peu de mots , qu'ayant perdu son pere & sa mere , qui étoient
morts de chagrin par la perte de
tout leur bien , pour s'être rendus
cautions d'une personne de leurs
amis, sa tante , épouse de ce Marchand , l'avoit fait venir auprès
d'elle , qui n'avoit point d'enfans ,

& qu'ayant fait un don mutuel, il y avoit lieu de croire, que suivant la loi de nature, devant survivre à son mari, elle seroit en état de lui faire un parti fort avantageux. Mais ce qu'il y a de sûr, ajoûta-t'elle, c'est que je n'ai qu'à dire oüi ; il y a cent mille livres comptant pour épouser un jeune Marchand très-riche, dont je ne veux pas entendre parler, par la raison que son humeur & son peu de délicatesse ne me conviennent nullement, joint à ce qu'il est un libertin, même grossier. Puis en achevant son discours : Puisque vous n'avez pas tenu en Province la parole que vous m'aviez donnée de me venir voir, je veux aller chez vous m'en vanger : donnez-moi votre adresse, je vous apprendrai des nouvelles aussi surprenantes, qu'agréables pour vous. Je donnai généreusement mon adresse à Mademoiselle de Chevry, qui deux jours après m'honora de sa visite un beau matin à huit heures, que j'étois encore au lit. Elle commença d'abord par plaisanter ; & faisant tomber la conversation sur le Couvent, elle me dit que je n'étois pas là si bien qu'avec Madame la Sous-Prieure, dont elle m'annonça la sortie avec quelques circonstances, que je sçavois mieux qu'elle. Mais moi qui n'étois plus écolier, je lui fis sentir bien vite que je sçavois reconnoître noblement une visite aussi gracieuse. Aussi la pauvre fille en pensa pâmer & mourir de douleur & d'amour.....

Loin de ralentir mes feux, je devins plus passionné que jamais. Peu de jours après j'entrai chez un Pâtissier, dont j'avois déja remarqué la fille, qui m'avoit frappé. Je la trouvai fondante en larmes ; & l'ayant approchée pour lui payer quelques petits pâtés, je lui demandai le sujet de sa tristesse avec un air de candeur si affable & si touchant, qu'elle me dit avec confiance, qu'un jeune Abbé, qui lui avoit fait des propositions de mariage, venoit de retourner en Province par ordre de ses parens, pour faire son Séminaire, & que ce désastre pourroit la réduire au point d'épouser un marpaut de sa profession, qu'elle n'aimoit point. J'irai, ajoûta-t'elle, plûtôt mourir à l'Hôpital, que de jamais consentir à cette alliance. La dolente pucelle n'étoit pas mal tombée. Elle ne manqua pas de consolation, & dans une demie-heure de conversation, où j'étalai tous les plus beaux traits de ma Réthorique, je la persuadai si bien, qu'elle consentit à un rendez-vous ; de-là l'ayant conduite chez moi dans un carosse, que j'avois aposté pour cet effet, je la délivrai généreusement d'un fardeau, qui quoique pesant,

défiroit néanmoins quelque fervi-
teur plus honnête qu'un Pâtiffier :
je n'ai de mes jours vû une peau
fi fine, fi blanche & fi enchantée.
Les douceurs qu'elle me procura
me rendirenr furieux. . .

Une Boulangere de la même
fineffe & de la même délicateffe,
fubit le même fort en moins de
huit jours de négociation. . . Paf-
fant enfuite dans une ruë, j'apperçus un jeune tendron de pareille
efpéce, qui étant allé conduire fa
fœur, l'embraffoit pour lui dire
adieu : je la fuivis jufques chez une
Lingere où elle demeuroit ; en fix
jours d'attaque, je me rendis maître de la place. . . Suivit de près une
jeune Epiciere, brune, piquante,
& d'un tein le plus fin qu'on puiffe
imaginer. . . Bientôt après une jeune Bouchere, blanche comme un
lys. . . Puis une Chaircuitiere, qui
en achetant un morceau de falé,
que je voulus aller chercher moi-

même, malgré le garçon d'un Cabaret, où j'étois pour déjeûner avec un de mes amis, ne put s'empêcher de me dire qu'elle m'avoit vû & observé plusieurs fois prendre toujours la même place dans une Eglise où elle alloit à la Messe. Ç'en fut assez ; le fort fut attaqué & rendu en quatre jours... Enfin une jeune Caffetiere couronna l'œuvre, qui touchée des billets doux que je lui donnois en cachette vint agréablement me surprendre, lorsque je m'y attendois le moins, & me dit pour toute excuse, que mes expressions étoient trop tendres ; qu'elle comptoit trop sur ma sincérité pour me croire capable de la tromper : elle fut ainsi écrite sur mon Catalogue, de sorte qu'en deux mois de tems en voilà dix de bon compte.

Il est inconcevable avec quelle fureur, & quelle rapidité je me portois à convoiter toutes les belles

qui

qui se présentoient à mes yeux.
Semblable au Milan, qui poursuivant les timides Colombes, tuë
tout ce qui se rencontre sous ses
serres impitoyables, & vient ensuite se reposer au milieu de sa
proye : ou comme l'Abeille, qui
vole sur une fleur, passe sur une
autre, la pique de son aiguillon,
suce la liqueur odoriférante, & va
dormir sur le miel qu'elle a fabri-
qué.

Cependant toutes mes poulettes
venoient me rendre visite chacune
à leur tour : quelquefois même à
peine l'une étoit sortie, que l'autre entroit ; outre que je ne man-
quois pas un jour de faire ma
cour à Madame de Bellevaux, comme je lui avois promis. Un jour
elles se trouverent trois en même-
tems. Par bonheur j'avois changé
de logement, & occupois alors
quatre piéces, dans lesquelles je
les séparai adroitement. Je fus em-

barraſſé; mais à la faveur du tems
& de mes diſcours, je fis ſi bien,
qu'elles s'en retournerent conten-
tes.

Ce jeu charmant auroit pû ſe
continuer, ſans les preſſantes ſolli-
citations qu'on employa pour en
venir à une concluſion. Roſe ſe
croyoit enceinte. Madame de Bellevaux ne diſoit pas ce qu'elle en
penſoit. Mademoiſelle de Chévry
baiſſoit l'oreille ; & la Pâtiſſiere
paroiſſoit branler au manche. Tout
cela me jettoit dans un embarras
inexprimable. J'eus honte de moi-
même, & confus d'un auſſi prodigieux abbatis, je ſongeois à me
déterminer à quelque parti ; mais
lequel prendre ? L'honneur, la réputation, le danger inévitable de
tant d'aimables perſonnes qui m'a-
voient accordé leurs premieres faveurs, & qui m'aimoient ſincére-
ment ; toutes ces conſiderations
me faiſoient trembler. Mes ſenti-

mens à moi - même me repro-
choient d'avance l'injustice du monde la plus criante & la plus affreuse ; je balançois, je voulois, je ne
voulois pas : pour toute conclusion
je ne pus jamais me résoudre d'en
abandonner aucune. Voici l'expédient dont je jugeai à propos de
me servir dans une conjoncture
aussi critique.

Je leur donnai moi - même à
chacune un billet circulaire, par
lequel je les invitois de se trouver
au jour marqué à deux heures après-
midi chez moi, pour affaire de la
derniere importance, qui les regar-
doit personnellement. Elles étoient
au nombre de huit ; sçavoir, Rose, la Patissiere, la Boulangere, la
Lingere, l'Epiciere, la Bouchere,
la Chaircuitiere, & la Caffetiere.
J'eus soin de préparer ensuite une
ample colation, consistant en pâtés, langues & autres mêts qui se
mangent froids, avec des confitu-

res & autres friandises, que l'on
sert ordinairement aux Dames, &
bonne provision d'excellent vin de
Champagne. Aussi-tôt qu'elles furent assemblées dans la salle du
Festin, la porte fermée, le goûté
servi, je les fis asseoir toutes, &
moi au milieu, ayant sur la table
deux pistolets, qui à la vérité n'é-
toient pas chargés ; & je leur tins
ce discours.

   » Je vous invite ici, Mesdemoi-
» selles, non avec les sentimens
» d'un assassin, comme ce spécta-
» cle semble vous l'indiquer, mais
» avec le cœur d'un Amant sincé-
» re & d'un vrai mari. C'est pour
» vous confesser que je suis le plus
» malheureux de tous les malheu-
» reux. Vous sçavez ce qui s'est
» passé, & les douces faveurs que
» j'ai reçuës de vous, dont le sou-
» venir, aussi agréable qu'il est en
» même-tems amer pour moi, cau-
» sé dans mon ame une confusion

» mêlée de douleur & de joie, qui
» m'ôtant le repos, me forcent de
» prendre aujourd'hui dans votre
» conseil le parti que vous aurez
» décidé, & de subir la loi que vous
» jugerez à propos de m'impofer.
» D'autres moins fenfibles à votre
» honneur, & moins délicats fur la
» connoiffance de votre mérite &
» de vos charmes, auroient peut-
» être fuivi une autre voye, &
» contens de vous avoir volé ce
» que vous avez de plus beau &
» de plus précieux, vous auroient
» abandonnées à un repentir éternel
» de votre noble & généreufe fa-
» cilité. Eloigné de cette penfée,
» mes aimables & tendres enfans,
» je vous ai aimé, & je vous aime
» encore, vous proteftant que je
» fuis prêt de vous époufer toutes,
» fi c'eft votre volonté. Si au con-
» traire méprifant ma foibleffe,
» vous me condamnez à un éter-
» nel oubli, je ne cefferai néan-

» moins de partager avec vous l'in-
» dignation que vous aurez jufte-
» ment conçuë contre ma trom-
» peufe & criminelle paffion. Sou-
» venez-vous au moins que je fe-
» rai toute ma vie difpofé à prodi-
» guer mon bien , mon fang , &
» tout ce qui m'appartient , dans
» toutes les occafions où vous me
» commanderez de vous fervir.

A peine eus-je fini, que chacune prit un mouchoir pour fe couvrir, & recevoir les larmes que je
voyois couler avec abondance de
tous les côtés. Semblables aux
Nymphes de la mer , lorfque Nep-
tune, libre des foins de fon vafte
Empire , conduit feul fon char fur
l'onde calmée , & prenant fa route vers les côtes de Cythere, il s'ar-
rête. . . frappe le rocher de fon
Trident. . . A ce fignal paroît la
troupe amoureufe , & du même
tems faififfant un voile de neige ,
dont elles effuyent leurs paupieres

mouillées , préfente un vifage de rofe aux regards favorables de ce Dieu. Ou comme les filles de maifon, qui redoublent leurs pleurs & leurs gémiffemens cachés à la vûë d'un Tuteur, qui vient les gouverner en la place d'un tendre pere, que la mort leur a enlevé. Telles étoient mes cheres & larmoyantes maîtreffes....

On gardoit un profond filence, lorfque l'incomparable Rofe me portant la parole, dit : Monfieur le Cocq (car c'eft à bon droit que vous devez maintenant porter ce nom) retirez d'abord ces armes, que l'Amour ne vous a pas données pour remporter une auffi ample victoire fur nos cœurs. Nous ne fommes point des Amazones ; perfonne ne le fçait fi bien que vous : d'ailleurs, fi tous nos efforts n'ont pû tenir contre une feule fléche, quelle réfiftance attendez - vous après une femblable défaite pour

implorer le secours de Mars. Le
mal est sans reméde ; mais tâchons
de sauver les apparences. Le difcours que vous avez prononcé, &
la conduite que vous faites paroître, font une preuve autentique
de votre discrétion... Allons, mes
cheres Sœurs, contre fortune bon
cœur ; vengeons-nous du moins
fur cette colation : bûvons à la
fanté du Cocq, en attendant que
nous prenions conseil pour le refte. Cette constante & admirable
fermeté de Rose excita un mêlan-
ge confus de ris, de larmes réité-
rées, de plaisanteries, de soupirs,
d'agréables souvenirs, de joie, de
tristesse, d'embarras pour la suite,
d'espoir & de consolation, qui occupa pendant toute la séance, qui
fut enfin terminée par cette déli-
bération :

Que eu égard aux difficultés in-
surmontables, qui se rencontre-
roient, & au nouveau péril, où

quelques-unes avoient décidé qu'elles feroient expofées , fi je prenois
le parti de les époufer toutes, il
falloit tirer au fort pour connoître
celle que je prendrois pour ma
femme. Quant aux autres , celles
qui fe trouveroient enceintes , je
fournirois à toutes les dépenfes né-
ceffaires pour couvrir leur honneur , & me chargerois des enfans, aux foins, à l'éducation , &
même à l'établiffement defquels
ma femme fe porteroit cordiale-
ment , & avec la même affection
que fi c'étoit les fiens propres ; le
tout à proportion de nos facultés ,
en leur donnant à chacun la moitié moins qu'aux enfans légitimes.
Promettant en outre que dans toutes les occafions où nous en ferions requis, nous leur rendrions
les fervices , qui dépendroient de
nous, comme fi c'étoient nos propres Sœurs & bien aimées. Que fi
ma femme venoit à mourir , celles

d'entre elles qui ne feroient pas mariées, je les épouferois fuccef-fivement fuivant la date de jouif-fance, dont à chacune d'elles fut délivrée une note par écrit pour la repréfenter au befoin... Le fort tomba fur Rofe, qui les embraffa toutes, en les appellant fes cheres Sœurs; elles m'embrafferent auffi, après quoi nous nous féparâmes fans que rien parût.

Les trois dernieres en datte pri-rent le parti de fe marier bien vi-te. La Chaircuitiere ayant appris qu'un jeune Marchand nouvelle-ment établi follicitoit une entre-prife pour habiller un Régiment, lui fit fçavoir adroitement qu'elle feroit en état de lui rendre ce fer-vice. Il alla la voir, & la trouvant de fon gout, il la demanda en ma-riage à fa mere : elle me vint an-noncer cette nouvelle, & à l'inf-tant je partis pour demander cette grace au Miniftre, que j'obtins en

je , une avanture , qui m'arriva
il y a huit ans étant en Réthorique. J'arrachai des mains de trois
malheureux une jeune perfonne ,
qu'ils avoient deffein d'enlever. Elle portoit un figne dans un endroit
qui ne fe voit pas communément :
je ne fçais comment eft le vôtre ;
mais celui-là étoit d'une efpéce affez finguliere. C'étoit une étoile
de couleur pourpre. La nature
vouloit fans doute auffi pourvoir
à la confervation de cette innocente infortunée. Rofe m'interrompant , & pour récompenfe , Monfieur , vous eûtes la gloire , une
rôtie au fucre, avec une cornette
fur la tête… Voyez préfentement
fi c'eft là votre étoile… O ciel ,
m'écriai-je à l'inftant, c'eft Angelique ! C'eft ma chere Angelique !..
C'eft mon cher Liberateur…

Il faudroit ici l'éloquence de Dé-
mofthéne & de Ciceron pour exprimer au naturel la joie, les tranf-

ports , les caresses & les baisers
que nous nous donnâmes récipro-
quement... Il est étonnant, lui dis-
je, mon cher petit cœur , que je
n'aye pas reconnu plûtôt l'objet
unique de mes vœux ; je n'aurois
jamais éprouvé les embarras où je
me trouve aujourd'hui. (En effet ,
j'ai toujours respecté mes maîtres-
ses , ou mes femmes , même au
milieu de mes plus tendres careffes ; du moins la curiosité n'usoit
de ses droits qu'avec la plus modeste délicatesse.)

Je racontai ensuite à Angelique
ce qui s'étoit passé à l'Abbaye , &
ce qui m'étoit arrivé depuis notre
séparation , à quoi elle ajoûta : Pour
moi ayant passé le tems dans une
affreuse obscurité , je n'ai presque
rien à vous dire de plus que ce
que vous avez entendu à l'Arsenal , si ce n'est que le désespoir où
vous me vîtes , & la répugnance
extrême que j'avois d'aller au Cou-

vent, étoit fondée fur la crainte où j'étois d'être reconnuë par Madame la Sous-Prieure, votre illuftre compagne, qui fuivant le témoignage de ma mere, ne nous étoit pas favorable. M'ayant louée depuis fur la réfolution que j'avois prife, elle m'affura que, fi l'on m'eût menée dans cette maifon, j'étois féparée d'elle pour toujours. Pour ce qui me regarde perfonnellement, comme elle eft fort cachée, & continuellement rêveufe, tout ce que j'ai pû tirer d'elle, c'eft que je fuis fille d'un Duc, qui felon toutes les apparences, eft marié, ce qui me fait douter de ma légitimité. . . . Mais, mon cher Cocq, légitime ou non, je fuis inféparable de vous à jamais. . . .

Ce n'eft pas tout ; quoique trois de mes poulettes foient déja mariées, voilà bien d'autres embarras. Angelique qui étoit groffe de trois mois, me preffoit continuellement

de l'épouser. Madame de Bellevaux & Mademoiselle de Chevry
faisoient les mêmes instances pour
la même raison : cela me jetta dans
une mélancolie affreuse. Angelique s'en étant apperçuë, voulut en
sçavoir la raison. N'y auroit-il
point, disoit-elle, encore quelque
anguille sous roche ? Je fus obligé
de lui confesser tout. Alors ayant
réfléchi un moment, & prenant
son parti en vraie héroïne, telle
qu'elle étoit : Tu n'es pas en état,
mon pauvre Cocq, dit-elle en
m'embrassant, de rien entreprendre
en cette conjoncture. Je vais de ce
pas trouver ces deux aimables dé-
pucelées, composer avec elles, &
te rendre ensuite un compte exact
de ma négociation.

S'étant donc fait annoncer chez
Madame de Bellevaux, bien parée,
avec un carosse de Remise & deux
laquais à sa suite, après le compliment ordinaire, elle pria cette
Dame

Dame d'envoyer chercher Mademoiselle de Chévry, avec laquelle
elle avoit renouvellé connoissance
depuis peu. Aussi tôt qu'elle fut
arrivée, Angélique leur parla en ces
termes : Je viens ici, Mesdames,
vous déclarer que je suis en possession de votre amant, avant même qu'il eût l'honneur de vous connoître, à l'Abbaye de... où il
resta six jours en ma place. Je suis
Angélique : ce n'est pas à vous
qu'il a manqué de fidelité, c'est à
moi-même ; cependant je le connois galant homme, & moi qui
suis esclave de ses sentimens, j'ai
trop d'honneur pour vous en laisser
au terme où vous êtes. Nous sommes enceintes toutes les trois des
dignes œuvres de ce charmant
Coeq que je nomme ainsi. Je veux
bien partager avec vous l'hymen
que nous allons contracter : il peut
nous épouser en secret, & je céde
encore à Madame de Bellevaux

M.

la prérogative de passer publiquement pour la Sultane , à condition
toutefois que je serai mariée la premiere , & que si le Ciel dispose
d'elle avant nous , je prendrai sa place , ensuite Mademoiselle de Chévry.... Les larmes ne manquérent
pas de succéder à ce discours ; mais
Angélique poursuivant: Ces pleurs,
Mesdames , font inutiles ; décidez
promptement : l'affaire est impor-
tante & les momens font précieux...
Du reste il sera facile de prendre
les arrangemens convenables pour
notre societé.... Après quelques
contestations & plusieurs autres réfléxions , sur lesquelles Angélique
les satisfit en leur répondant de
me faire consentir à tout ce qu'elles pourroient désirer , elles tom-
bérent d'accord, & acceptérent la
proposition. Madame de Bellevaux
qui étoit le meilleur caractere du
monde & n'aimoit que la paix, sous-
crivit à tout sans peine , ne se sou-

eiant de rien , difoit-elle , pourvû
qu'elle eût la douce confolation de
m'appartenir. Elle remercia Angélique de fa générofité , lui témoignant même qu'elle avoit peine à
lui enlever un droit qui lui appartenoit fi légitimement ; avec pro-
teftation qu'elle n'y auroit jamais
confenti fi elle eût été plus jeune.
Angélique lui répondit : cela eft fâcheux pour moi , Madame , il eft
vrai ; mais j'ai toujours les gands.
Ah ! ma chere Angélique , repliqua
Madame de Bellevaux , je croyois
les avoir... il falloit qu'il y en eût
trois paires , ajouta Mademoifelle
de Chévry ; car je comptois en
avoir une bonne...

Angélique étant venuë me donner avis auffi-tôt de ce qui s'étoit
paffé , je me difpofai à les époufer
inceffamment.

Les mefures étant prifes pour
faire la cérémonie le même jour ,
mon intention étant telle , afi

d'obvier aux inconvéniens qui pourroient arriver dans la suite, il arriva un contre-tems qui retarda les
choses de plus d'un mois. L'oncle
de Mademoiselle de Chévry ayant
reconnu sa grossesse, l'avoit fait enfermer dans un Couvent : c'étoit
un de ces dévots qui vont toujours
prêchant.... J'allai le voir, & après
avoir exercé ma patience par un
sermon de plus d'une heure, malgré les remontrances que je pûs lui
faire, il persista dans sa conclusion :
c'étoit qu'en conscience sa niéce
ne pouvoit quitter la retraite que
sa faute avoit méritée, où il pré-
tendit me prouver par une citation
ennuyeuse de passages de l'Ecriture
qui n'avoient aucun rapport à la
question, qu'elle devoit faire pénitence le reste de sa vie. Il m'étoit
facile d'avoir un ordre pour la faire
sortir ; mais l'embarras étoit que
ne pouvant l'épouser publiquement,
j'aurois de la peine à trouver un

prétexte raisonnable: je résolus donc
de recourir aux menaces. Le bon
homme n'ignoroit pas le crédit que
j'avois, lui en ayant déja donné des
preuves par l'avancement de mes
affaires, dont je lui rendois compte
dans les visites que je faisois à Mademoiselle de Chévry. Il sçavoit
même que j'étois porteur alors d'u-
ne ordonnance de soixante mille
livres pour une entreprise que je
devois faire. Je lui signifiai donc,
que puisqu'il ne vouloit pas se rendre ni à mes soumissions, ni à mes
prieres, j'allois prendre une résolution, quoique malgré moi, qui
me mettroit non seulement en état
d'avoir par force ce qu'il refusoit
de m'accorder de bonne amitié;
mais qu'il pourroit encore avoir
lieu de se repentir long-tems de la
démarche qu'il m'obligeoit de faire.
Les gens de cette étoffe sont ordinairement timides. Sa femme se
joignit à moi: nous lui fîmes des

fupplications , des careffes ; enfin
il confentit au mariage à condition
qu'il ne donneroit rien : je paffai
fans difficulté fur cet article, n'étant
pas en peine d'en avoir raifon dans
la fuite. De lui-même il voulut que
le mariage fe fît la nuit , & qu'il
demeurât caché tant qu'il vivroit ;
ce qu'on lui promit d'autant plus
volontiers , que rien ne cadroit
mieux à nos affaires. Le jour fut
donc indiqué , & la Demoifelle
fortit.

Sur ces entrefaites les quatre qui
étoient reftées de la cérémonie du
goûté , & qui venoient de tems en
tems me voir & prendre part au
gâteau , m'expoférent chacune en
particulier l'état déplorable où elles
fe trouvoient à caufe de leur groffeffe. Voyant que la poligamie m'é-
toit devenuë une loi de néceffité ,
je penfai qu'il valoit autant en époufer fept que trois. Je commençai
par déclarer mes intentions aux

parens , les fiancer , & donner mes
ordres précis pour l'heure & le moment que chacun devoit se tenir
prêt. A une heure après minuit j'é-
pousai Angélique , à deux heures
Madame de Bellevaux , à trois Mademoiselle de Chévry , à quatre la
Patissiere , à cinq la Boulangere ,
à six la Lingere , & à sept l'Epiciere ; observant ainsi l'ordre de la
conquête que j'en avois faite. Il ne
fut pas nécessaire d'observer les cé-
rémonies accoutumées , d'autant
qu'elles avoient toutes leur contin-
gent ; les occupations que j'avois
d'ailleurs me furent un prétexte raisonnable pour les quitter promptement. Je me contentai seulement
de leur défendre à chacune en particulier de dire à personne l'heure
que je les avois épousées , excepté
Angélique en qui j'avois une confiance entiere , & qui me promit de
ne rien révéler , bien contente d'a-
voir passé la premiere. Après cette

diligente tournée , comme j'avois annoncé à chaque Acte un voyage de deux jours , je m'en allai chez moi me repofer & partis enfuite pour la campagne , après leur avoir affigné à toutes un rendez-vous où elles vinrent me trouver. Je leur fis promettre une amitié fraternelle & inviolable , leur déclarant que pour éviter toute conteftation à l'a-venir je les avois époufées le même jour. Il fut reglé que chacune au-roit fa femaine , & que la Sultane auroit de plus tous les jours régu-liérement avec moi une converfa-tion particuliere d'une heure , fans comprendre les momens qui con-cerneroient les affaires temporelles, où j'aurois une liberté entiere avec chacune d'entre-elles , remettant le tout à ma prudence & à mon équité.

Pour avoir la dot de Mademoi-felle de Chévry , je trouvai le moyen de faire introduire quelques
marchandifes

marchandiſes de contrebande dans
la boutique de ſon oncle, & de le
faire arrêter. Sa femme alla le trouver, & par mon conſeil lui ayant
repréſenté que je pouvois le tirer
de ce pas , il répondit que ſi je
lui rendois ce ſervice, auſſi-tôt que
j'aurois l'ordre pour ſa liberté , elle
n'avoit qu'à me compter les cent
mille livres qu'il m'avoit promis.
L'affaire fut bientôt expediée, & le
bon homme après m'avoir fait mille
remercimens , me déclara qu'étant
déja âgé , il avoit deſſein de ſe retirer au moyen d'une penſion de
deux mille livres ; que je pouvois
demeurer avec ſa femme & ſa niéce,
nous demandant par grace de donner vingt mille livres à ſes parens ,
après quoi nous pouvions diſpoſer
du reſte dont il nous faiſoit une donation ; qu'au ſurplus il ne croyoit
point offenſer ſa conſcience, attendu que Mademoiſelle de Chévry
lui étoit parente au même degré

que les autres , & qu'il devoit sa
fortune à sa femme à qui il n'avoit
rien apporté en mariage. Outre les
cent mille livres pour la dot , nous
trouvâmes encore plus de vingt
mille écus tous frais faits. Les revenus furent mis en commun , &
on convint que chacune transmet-
troit à ses enfans préalablement ce
qu'elle auroit apporté. Nous lo-
geâmes tous dans la même maison. Mademoiselle de Chévry eut
son appartement à côté de sa tante,
& passoit pour fille. La Lingere
qui étoit de la Province, logeoit à
côté d'Angélique & passoit pour
sa cousine ; la Patissiere & l'Epiciere qui n'avoient que leurs meres,
logérent avec elles ; & la Boulangere fut regardée comme une parente de Madame de Bellevaux,
dont elle prenoit soin. Nous dis-
posâmes ainsi les choses de façon
que ni voisins, ni domestiques ne
se sont jamais apperçus de rien.

Quand ces Dames avoient befoin
de faire leurs couches , on alloit à
la maifon de campagne , avec une
des meres & une femme de chambre affidée , laquelle étoit de ma
Province & entiérement dévouée
à nos interêts. Tous les ans j'avois
fept , huit & neuf enfans ; cela n'a
jamais paffé dix.

Deux mois après nos mariages,
arriva la mere d'Angélique , qui
nous annonça que par la mort de
fon pere elle étoit en poffeffion des
biens de fa famille. Ce fut une joie
inexprimable dans toute la maifon ,
& c'étoit à qui lui feroit le plus de
careffes. Angélique qui avoit reçu
de fes nouvelles , l'avoit déja pré-
venuë par une réponfe fur fon mariage , & lui avoit fait le détail de
toutes les affaires.

Nous eûmes elle & moi un en-
tretien particulier , dans lequel je
lui expofai la néceffité où mon
honneur & l'équité m'avoient mis

de prendre le parti auquel je m'é-
tois déterminé ; en lui avouant
qu'à la verité fi j'euffe reconnu
plûtôt Angélique , les charmes &
les avantages de Madame de Bellevaux , qui étoit venuë exprès à
Paris pour l'amour de moi , ne
m'auroient pas empêché de me fixer
à elle feule. Mademoifelle de Beaulieu fut fatisfaite de mes raifons, &
fur-tout de la bonne union qu'elle
vit d'abord régner dans notre petit
férail ; ayant enfuite rejoint enfem-
ble la compagnie , elle nous conta
fon hiftoire en peu de mots.

Hiftoire de Mlle de Beaulieu.

Il eft inutile de vous faire le détail de ma naiffance , ni de vous
rapporter quantité de faits dont
Madame de Bellevaux vous a déja
donné la connoiffance ; je me con-
tenterai de vous dire que le fils de
Monfieur D... Préfident au Par-

lement de Dijon (où je demeu-
rois alors chez ma tante) Lieute-
nant de Dragons, me recherchoit
en mariage : Madame de Bellevaux a connu le mérite de ce Ca-
valier.Son pere qui étoit veuf alors,
dès la premiere visite qu'il me rendit, devint passionément amoureux
de moi , & fut en ce moment le
rival de son propre fils. Il n'y eut
prieres ni remontrances qui pussent
tenir contre la folie de ce vieil-
lard : les dédains & les mépris que
j'affectois de lui témoigner ne ser-
virent qu'à allumer ses feux ; tellement que le fils ayant eu ordre
de partir pour aller joindre son Régiment , & comptant bien ne revenir de long-tems , me fit consentir de le recevoir dans ma chambre à une heure après minuit ,
croyant par cet expédient trouver
le secret d'éteindre la flamme de
son pere.

Dans ce tems on tenoit les Etats

(150)

à Dijon, où étoit M. le Duc D....
L'heure du rendez-vous étant venuë, comme j'étois à la fenêtre,
ce Seigneur passant, je l'appellai en
lui demandant si c'étoit lui ; il ne
manqua pas de répondre que oui.
La nuit étoit obscure ; je descen-
dis, & ayant ouvert laporte, je l'in-
troduisis dans mon appartement
sans m'appercevoir de ce *quiproquo*.
Voilà l'époque d'où Angélique tire
son origine ; après la séance qui
ne fut pas bien longue, je le recon-
duisis, & comme je fermois la
porte, j'entendis mon amant frap-
per à petit bruit. J'ouvris une se-
conde fois, & ne pûs m'empêcher
de lui témoigner l'agréable surprise où j'étois de le revoir retourner si promptement sur ses pas;
ajoutant que le peu de tems qu'il
venoit de rester me faisoit juger
qu'il avoit oublié quelque caresse,
dont il faisoit apparemment scrupule de me priver avant son départ. . .

Il me quitta brufquement fans dire
un feul mot ; il partit le lendemain,
& quatre mois après j'appris la nouvelle de fa mort. Je paffai toute la
nuit dans une inquiétude affreufe....
Quelques jours après étant dans
une compagnie où ce Duc fe trouva , ayant faifi le moment de me
parler en particulier , il me demanda quel étoit cet aimable cavalier
dont il avoit été affez heureux de
prendre la place. Je rougis , & le
quittant de honte & de dépit , il
me retint,en me proteftant que toute fa vie il me feroit inviolablement
attaché. Il me demanda la permif-
fion de me revoir , que je ne pûs
lui refufer eu égard à une conjoncture auffi fatale.

Ma groffeffe ayant été déclarée
plûtôt qu'on n'auroit dû s'en appercevoir, par l'indifcrétion d'une
fille de chambre qui avoit été témoin des vifites que me rendoit
ce Duc , mon pere me fit enfermer

dans un Couvent, où je restai jusqu'au moment que je trouvai l'occasion de m'échapper. Je pris la route de Paris avec ma fille, à la faveur de la générosité de Monsieur & de Madame sa mere, qui me donna pour faire mon voyage. Lorsque je fus arrivée, le Duc étoit à sa terre, au retour de laquelle il fut envoyé en ambassade. Après l'avoir attendu deux ans, ne sçachant de quel côté donner de la tête, je pris la résolution de retourner en Province chez une tante à qui j'avois écrit, où je fus arrêtée de nouveau & remise en captivité, dont je n'ai été délivrée qu'à la derniere maladie de mon pere, quelque tems avant sa mort.

Quoique je fusse en ménage, comme mon mariage n'étoit pas encore déclaré, à cause de quelques arrangemens que nous avions jugé à propos de prendre auparavant, Madame de Bellevaux qui

m'aimoit de tout fon cœur, jugeant
par le mérite accompli qu'elle avoit
reconnu dans toutes les actions
d'Angélique , que je tirerois beaucoup plus d'honneur & même
d'utilité dans l'avancement de mes
affaires en lui donnant dans le
monde le titre de ma femme , étant
d'ailleurs accoutumée au repos de
la folitude & de la retraite , ré-
folut de fe démettre de la prérogative qui lui avoit été accordée ,
& en fit la politeffe à Mademoifelle de Beaulieu fa mere , en fe
mettant fur le rôle de la femaine
au rang des autres. Effectivement
elle ne fe trompa pas dans fon cal-
cul ; car outre la bonté & les avantages que je retirai de la faveur du
Miniftre , qui fut charmé de la voir,
& me fit mille complimens fur
l'aimable choix que j'avois fait ,
elle me procura de fi grandes pro-
tections , qu'en moins de dix ans
je me vis quarante mille livres de

rente bien affurées , fans compter
le bien de mes femmes.

Ce qui la produifit principale-
ment dans le monde , fut la faveur de M. le Duc fon pere à qui
je la fis reconnoître de cette maniere. Le Chevalier D... avoit
beaucoup d'accès chez lui ; & comme il étoit mon ami , je le priai de
m'obtenir une audience de ce Seigneur qui me reçut avec cette noble affabilité & cette grandeur
d'ame que tout le monde lui a
connu. Après lui avoir détaillé les
circonftances qui concernoient Angélique , il me dit que c'étoit réel-
lement fa fille ; & m'appellant moi-
même fon fils , il m'affura que dans
peu il viendroit manger ma foupe,
& qu'il me feroit avertir. Au bout
de deux jours il tint parole : auffi-
tôt qu'il eut vû Angélique , il en
fut fi enchanté & l'embraffa fi tendrement , que je penfai qu'il ne
pourroit jamais fe féparer d'elle.

Il fit auſſi mille proteſtations obli-
geantes à Mademoiſelle de Beaulieu, qui avoit alors environ trente-
trois ans & compoſoit une beauté
parfaite, lui déclarant que s'il étoit
maître de ſon ſort il l'épouſeroit à
l'inſtant. Je me retirai enſuite quelque tems, pour le laiſſer avec ces
Dames qui lui contérent leur hiſtoire & la mienne, après quoi
nous dinâmes enſemble lui & toute
ma famille. Il me témoigna le plaiſir ſenſible qu'il avoit que je le ré-
galaſſe en auſſi aimable compagnie,
me félicitant ſur mon bonheur dont
il me déclara pluſieurs fois être
extrémement jaloux. Je le priai enſuite de m'obtenir des lettres de
réhabilitation, en lui remettant ma
généalogie ; ce qu'il eut la bonté
d'exécuter lui-même en très-peu de
tems.

Angelique fut admiſe dans les
plus belles compagnies ; chacun
lui faiſoit fête, & ſur-tout Mada-

me la Princeſſe de... qui nous a
toujours honorés de ſa bienveillan-
ce & de ſa protection, ne pouvoit
l'avoir à ſon gré. Elle de ſon côté trouvoit le moyen de conten-
ter tout le monde, ſans toutefois
rien obmettre des ſoins qu'elle devoit à ſa maiſon & à ſes cheres
Sœurs. L'heure de la converſation
réglée dans les commencemens,
& qui lui étoit dévoluë par la dé-
miſſion de Madame de Bellevaux,
l'inquiétoit ſouvent, parce qu'elle
ſçavoit que je ne pouvois remettre
ce tems, que mes occupations m'o-
bligeoient de fixer, & que c'étoit
autant de profit pour celle qui étoit
en ſemaine ; mais ſans ſe décon-
certer, & avec cette façon noble
& aiſée, qui lui étoit ſi naturelle,
elle prenoit congé de la compagnie, en diſant, pardon, je ſens
l'heure de mon Cocq. Madame la
Princeſſe, qui connoiſſoit le myſ-
tére, la congédioit auſſi tôt, riant

au fond de l'ame de cette inge-
nuité. A propos de cela , quelques Dames lui ayant un jour demandé ce que c'étoit que ce Cocq,
dont elle parloit si souvent, elle
leur fit sur le champ cette allégo-
rie. Un Cocq de mon voisinage
vint un jour me rendre visite : je
fus si charmée de ses caresses , &
lui fis si bon accueil, qu'il m'a toujours affectionnée depuis. D'abord
je ne le voyois que deux fois la semaine ; à present je reçois régulierement tous les jours sa visite à
cette heure , quittant exprès ses
poulles pour me faire cette politesse. C'est une sujetion , direz-
vous ; mais il faut passer ces sor-
tes de foiblesses assez naturelles à
notre sexe. Pour avoir manqué
deux fois son heure, on m'a rap-
porté qu'il s'étoit plaint amére-
ment, dont je fus sensiblement touchée... A-t'il quelque chose de particulier, repliquerent ces Dames...

Il est beau, répondit Angelique,
& danse à merveille. Ah, Madame, dit à l'instant une jeune Demoiselle d'environ treize ans, fai-
tes-moi le voir, de grace! On m'a-
voit fait présent d'un perroquet, à
qui j'avois appris cet exercice ; je
voudrois bien essayer si votre Cocq
danseroit avec moi. Angelique lui
dit : Mademoiselle, cela ne se peut,
& vous n'auriez aucune satisfac-
tion. J'ai expérimenté, que quand
il y a quelque personne auprès de
moi, il est si timide, que je n'en
sçaurois rien tirer ; il s'en va même tout triste, & j'appréhendrois
de lui faire perdre cette habitude,
qui m'est un honnête passe-tems,
dont naturellement j'aurois peine
à me désaccoutumer... Quelques
années s'étant écoulées, Monsieur
le Duc ayant perdu Madame son
épouse, vint voir Mademoiselle
de Beaulieu, & lui offrit sa main,
me priant de la garder chez moi,

& de tenir son mariage secret pour des raisons qu'il ne pouvoit me dire ; ce qui a toujours été religieusement observé. A l'occasion de cette honorable fête, je donnai un repas aux nouveaux mariés , auquel Angelique me témoigna qu'il seroit à propos de faire assister une partie de nos enfans. Pour cet effet nous fimes dresser quatre tables en forme d'écusson, à chacune desquelles il y avoit douze couverts ; sçavoir, au premier des garçons, au deux & au trois des filles , & au quatre des garçons, la nôtre au milieu, M. le Duc étant à un bout à côté d'Angelique , & moi à l'autre auprès de Mademoiselle de Beaulieu , avec mes autres femmes aux deux côtés de la table. Tous mes enfans burent quatre coups à la santé de Monsieur le Duc, une table chaque fois , & autant à celle de Mademoiselle de Beaulieu dans le même ordre. Ce

Seigneur me répeta plusieurs fois dans les transports de sa joie, & & avec toute la sincérité de son ame, que jamais il n'avoit eu de plaisir & de contentement aussi sensible, & qu'il auroit souhaité, du plus profond de son cœur, être le Cocq, & moi Duc en sa place. En effet ce spectacle étoit des plus touchans ; nous avions choisi les plus beaux qu'on avoit eu soin de bien parer, de sorte qu'ils ressembloient à de petits Anges.

De tous ces enfans il ne nous en reste que neuf, la petite verole ayant enlevé le reste en moins de dix-huit mois ; sçavoir, mon fils aîné, que j'ai eu d'Angelique, qui est Conseiller dans un Parlement de Province, & une fille mariée à un Colonel d'Infanterie. De Madame de Bellevaux deux filles Religieuses, & un garçon, qui en entrant dans les Ordres, a fait une donation de son bien à mon aîné.

De

De Mademoiſelle de Chévry deux
garçons , dont l'un s'eſt fait Religieux , & l'autre eſt Chevalier de
S. Lazare , lequel a fait auſſi une
donation à mon aîné , au moyen
de ſix mille livres de penſion ſa vie
durant , avec quatre mille que j'ai
ajoutées ; & une fi le Religieuſe. Le
dernier eſt un garçon de la Pâtiſſiere , Capitaine de Vaiſſeau , qui
ayant renoncé au mariage , m'a demandé une penſion viagere , que
je lui ai faite de dix mille livres. . .

M. le Duc m'ayant un jour té-
moigné qu'il déſiroit voir mes trois
autres anciennes maîtreſſes , nous
commençames par la Bouchere ,
que j'avois remariée à un Banquier
d'environ quarante - cinq ans , lequel, pour ſa beauté , lui avoit fait
une donation de ſon bien par Contrat de mariage , & n'avoit point
d'enfans. Nous allâmes enſuite chez
la Caffetiere , qui nous reçut fort
noblement , & nous montra deux

filles & un jeune Abbé, à qui,
dit-elle, j'ai fait prendre le petit
collet, n'étant pas juste qu'il par-
tage dans la succession de ses sœurs,
parce qu'il vous appartient, Monsieur, en parlant à moi. Je le fis
transférer deux jours après dans un
Collége, Monsieur le Duc lui ayant
fait deux mille livres de pension,
& moi autant, à condition qu'il ne
prendroit rien dans la succession
de ses parens, ce qu'il promit d'e-
xécuter en conscience. Quant à la
Chaircuitiere, elle nous prévint,
m'étant venu voir un jour pour
m'inviter à la nôce de ma fille. M.
le Duc ne manqua pas d'être de
la partie, & à notre arrivée elle
nous présenta la plus jolie petite
poulette qu'il y eût au monde âgée
de quatorze à quinze ans. Elle la
marioit à un jeune Marchand, qui
avoit beaucoup de bien. Puis m'a-
dressant la parole : Vous m'avez
mariée, dit-elle, Monsieur, & en

cela je dois ma fortune à votre bon cœur ; mais la plus grande obligation que je vous ai, c'est de m'avoir fait cette belle enfant, qui fait toute ma joie & ma confolation. J'ai perdu mon mari au bout de huit ans de mariage, qui n'a pas eu l'efprit de m'en faire aucun. Je fçavois très-bien que celle-ci ne lui appartenoit pas, puifque j'étois déja groffe en l'époufant ; c'eft pourquoi, après fa mort, je rendis à fa famille tout ce que je croyois leur revenir légitimement, alléguant pour raifon, qu'il m'en reftoit affez pour ma fille & pour moi. Je lui donne foixante mille livres en mariage, m'en réfervant autant pour mon commerce. . . Cette aimable enfant s'étant jettée à mon col, m'embraffa vingt fois, & ne pouvoit me quitter. Je prétendis être obligé de lui donner auffi fa dot ; mais la mere s'y oppofant, me dit : Bien au contraire, Monfieur, c'eft à moi de vous payer la façon. On nous traita avec diftinction, M. le Duc & moi ; il fit un préfent aux nouveaux mariés, à qui j'envoyai auffi douze mille livres qu'Angelique voulut porter elle-même.

Je dois dire ici en finiffant, que j'ai toujours vû régner une union parfaite dans ma maifon, & qu'il n'eft jamais arrivé la moindre difpute. J'étois aimé, craint & refpecté; auffi j'aimois, je craignois & je refpectois. Il eft vrai que je n'avois point de maîtreffe en Ville : la fidélité apporte de grandes douceurs dans un ménage !

Quand nous eumes établi toute notre petite famille, mes femmes, qui ne fe foucioient plus des agrémens du mariage, me propoferent de nous retirer tous avec une penfion, & de quitter le monde pour faire pénitence de nos fautes paffées. Je me rendis fans nulle difficulté à cette propofition ; chacun choifit l'endroit qui lui parut le plus convenable , & nous nous féparames ainfi, pour ne plus penfer aux chofes de la terre. Il y a huit ans que je fuis dans ma retraite , ayant perdu toutes mes femmes depuis ce tems. Angelique finit fa carriere il y a environ deux mois , à l'âge de foixante-feize ans. J'en ai actuellement quatre-vingt. Je me fuis accoutumé fans peine à cette douce folitude , aux tentations près , qui m'ont fait fouvent regretter mes cheres compagnes, & fur-tout mon incomparable Angelique.

Sic tranfit gloria mundi.

La gloire du monde paffe comme une ombre. L'étoile la plus favorable termine fa courfe comme les autres ; fes plus douces influences font toujours mêlées d'amertumes.

Angelique , ma chere Angelique , cet aſtre , qui fut conſtamment
le principe de mon bonheur & de
ma gloire , ayant perdu le jour ,
je me ſouvins qu'autrefois étudiant
en Médecine , j'avois fait connoiſſance avec un ancien Chimiſte An-
glois , alors âgé de cent quarante-
cinq ans , lequel me fit préſent d'u-
ne petite bouteille remplie d'un éli-
xir , qu'il nommoit l'*Eau de Jouven-
ce* , dont il me donna la recette.

La douleur de cette perte m'ayant
réduit à la derniere extrémité , je
réſolus de prendre quelques gou-
tes de cette eau , dont mon Médecin m'avoit aſſuré que la vertu étoit
telle , qu'elle faiſoit en un inſtant
revenir dans une ſanté parfaite un
agoniſant le plus déſeſperé. A peine en eus-je bû , que je me trouvai tout d'un coup rajeuni & changé à un point , qu'on ne me donne que vingt-huit à trente ans.

Aucune des perſonnes de la

Communauté où je m'étois retiré n'a voulu me reconnoître depuis, malgré le détail le plus exact
que j'ai fait de toutes les particu-
larités qui se sont passées depuis
que j'étois en retraite. Mes enfans
m'abandonnent, & refusent de me
payer la pension que je m'étois ré-
servée ; ainsi me voilà réduit à mon
premier état. Entreprendre un Procès, c'est m'exposer à plaider inu-
tilement le reste de ma vie... Angelique, aimable Angelique, pourquoi m'as-tu sitôt abandonné ? En
te perdant, j'ai perdu mon étoile,
mon bonheur & mon repos !

F I N.